JN059960

市川伸一

［著］

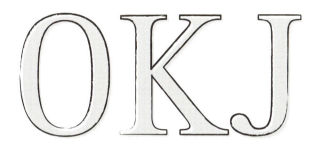

「教えて考えさせる授業」
を創る

アドバンス編

「主体的・対話的で深い学び」
のための授業設計

図書文化

はじめに

　「教えて考えさせる授業」という言葉を筆者（市川）が講演などで使い出したのは 2001 年のことでした。その後，『学ぶ意欲とスキルを育てる：いま求められる学力向上策』（小学館，2004）の 1 つの章の中で，スタンダードな授業設計論の提案としてはじめて活字となりました。全体として，この本の内容は，いわゆる「ゆとり教育」から「確かな学力」への脱皮を図っていた中央教育審議会の議論にかなり生かされています。

　そして，『「教えて考えさせる授業」を創る：基礎基本の定着・深化・活用を促す「習得型」授業設計』（図書文化，2008）では，いくつかの実践例をあげながら，基本的な考え方と授業をつくるときの手立てや注意点について解説しました。2008 年というのは，学習指導要領改訂に向けての中教審答申が出され，実際に改訂された年にあたります。この答申の中で，「教えて考えさせる」というフレーズが使われたこともあり，学校や教育委員会から多くの問い合わせがくるようになりました。

　本書は，その本の続編として，この 10 年余りの間に，「教えて考えさせる授業」（最近は，OKJ という略称がよく使われますので本書でもそれを使います）がどのように発展してきたかをまとめたものです。OKJ は，とくに奇抜なものではありません。授業の前半は基本的な内容を教師からていねいに教えてその理解状態を確認し，後半はアクティブな問題解決を通して深い理解を伴った習得をめざす，といういわばアタリマエのような授業です。しかし，認知心理学で重視されている深い理解やメタ認知を促す手立てが盛り込まれており，けっして「ありふれた授業」ではありません。

　筆者は，もともと認知心理学を基盤にした教育研究を専門としており，研究室の大学院生といっしょに個別学習相談や試行的な授業を実施しながら研究活動をしていました。ところが，2008 年の本が出てからの研究生活は大きく変わりました。OKJ に取り組んでみたいという全国の学校を訪問し，いっしょに授業づくりをしたり，授業検討会で議論するというこ

とが圧倒的に多くなりました。

　また，「どんな授業なのか実際に見せてほしい」と言われると，デモ授業をしたり，ＴＴでいっしょに授業づくりをして研究授業として公開するような機会も増えました。それまでの自分の研究活動からは考えられなかったことです。しかし，実際に自分で授業をやり，学校での実践を検討するという経験を経て，あらためて，OKJという授業設計論の有効性とともに，日常的に浸透させることの難しさも実感するようになりました。

　導入した学校では，初任者にも入りやすく，ベテラン教員には深みのある授業になるとよく言ってもらえます。継続している学校では，2年ほどで学力や学習意欲の大きな向上が見られることがしばしばあります。ただし，「いつでもそうなる」というわけではありません。どこが，OKJの難しさなのかもしだいにわかってきました。本書では，OKJを実践するうえでのポイントや，各学校での取り組み方，さまざまな教科や校種での実践例などを，「OKJをはじめたけれども困っている」とか「もっとレベルアップしたい」という先生方に伝えるためにまとめました。

　あらためて，OKJの実践に熱心に取り組んでこられた学校や教育委員会，また，OKJの校内研修やセミナーに協力してくれた市川研究室の学生や卒業生，本書の編集の労をとってくださった図書文化社の大木修平さんにこの場を借りて感謝いたします。

2020 年 6 月 10 日

著者　市川伸一

はじめに

目次　「教えて考えさせる授業」を創る　アドバンス編

はじめに …… 002

第1章　OKJ とは何か

1　OKJ はなぜ生まれたのか …… 008
■学習相談での子どもたちの声　■1990 年代の学校の授業を見て
■OKJ の位置づけ

2　どんな授業なのか ―平行四辺形の面積の授業から …… 013
■全国学力・学習状況調査をきっかけに　■実際の授業の流れ
■授業から見る OKJ の特徴

3　OKJ が大切にしていること …… 018
■深い理解を伴った習得　■メタ認知を促す
■インプットとアウトプットのバランス

4　OKJ の受け止め方 …… 024
■講演や研修のアンケートから　■「OKJ はアタリマエ」という意見の問題点
■導入校での様子を見て ― OKJ のコア，プラスα，プラスβ

第2章　OKJ の実例から

1　OKJ の実例を見るにあたって …… 034
■OKJ の共通性と多様性　■OKJ の実例を紹介した書籍
■指導案を見る前に ―「困難度査定」と指導上の工夫

2　小2［算数］かけ算九九 〜式からいろいろな問題をつくろう〜 …… 038

3　小5［国語］「大造じいさんとガン」 〜物語を「自分ごと」として読む〜 …… 042

4　小5［音楽］二部合唱「いつでもあの海は」
〜歌声が重なる響きを感じながら〜 …… 046

5　小5［道徳］「見えた答案」 〜誠実に行動するのはなぜ難しいか〜 …… 050

6　中1［社会］藤原氏の摂関政治 〜ストーリーテリングで促す理解深化〜 …… 054

7　中2［英語］旅行の計画を立てよう 〜英語のプレゼンで伝える〜 …… 058

8 　中3 [数学] 因数分解の応用 〜「2乗の差の公式」の意味と使い方〜 …… 062

9 　高2 [物理] 物体の落下運動 〜なぜ「重い物は速く落ちる」と思うのか〜 …… 066

第3章 OKJ の PDCA と授業力

1 OKJ の Plan（計画）…… 072
- ■年間指導計画，単元計画から指導案へ　■OKJ の構想力と「授業構想シート」
- ■授業づくりにあたっての4段階と3レベル

2 OKJ の Do（実行）…… 080
- ■授業の遂行力とは　■OKJ の各段階の遂行上の課題
- ■根底にあるのは，「何を大切にした授業か」

3 CHECK（検討・評価）と ACTION（改善行動）…… 087
- ■授業が終わってからの省察力　■三面騒議法による授業検討会
- ■OKJ の長期的な評価と改善

4 授業づくりのQ&A …… 093
- Q1 予習をするように言っても，なかなかしない子が多いのですが，どうすればいいでしょうか。
- Q2 復習すらしない子がたくさんいるのに，予習などするのでしょうか。
- Q3 予習は授業前にスタートラインをそろえるためにやるのでしょうが，予習でわかる子とわからない子がいて，かえって差がついてしまいませんか。
- Q4 教師の説明の時間がいつも長引いてしまうのですが，どうすればいいでしょうか。
- Q5 理解確認のとき，ペアで説明しあうように言っても，活発にやってくれないのですが。
- Q6 理解深化課題をつくるのが難しくて悩むのですが，何かコツがあるのでしょうか。
- Q7 自己評価が形骸的なものになってしまいがちなのですが。
- Q8 OKJ の4段階は1時間で完結させないといけないのですか。
- Q9 OKJ で本当に成績が上がるのでしょうか。
- Q10 OKJ の成果は成績が上がるだけなのでしょうか。

第4章 OKJ の拡がりと課題

1 教育界の動きと OKJ …… 102
- ■ゆとり教育，学力低下論争，から「確かな学力」へ
- ■アクティブ・ラーニングの導入をめぐって　■教授と活動のバランスの重要性

2 学校の取り組みの成否 …… 108
- ■うまく導入するための要件　■短期校，中期校，長期校の悩みと対応策
- ■「働き方改革」の中での OKJ

3 OKJ を支援・促進する活動 …… 120
- ■セミナーと研修会　■ネットと授業ビデオ
- ■学習法講座　■意味理解ワークショップ

関連図書紹介 …… 125

おわりに …… 126

🖋 コラム

- **1-1** OKJ のルーツとしての認知カウンセリング …… 009
- **1-2** 研究者になってみる学習活動（RLA）…… 011
- **1-3** 公式の順序どおりに立式しないといけないか …… 019
- **3-1** カリキュラム・マネジメントとは …… 073
- **3-2** 予習と先行オーガナイザー …… 076
- **3-3** 暗唱や話型による説明の指導 …… 083
- **3-4** 教訓帰納と OKJ …… 087
- **4-1** 確かな学力 …… 103
- **4-2** 習得・活用・探究 …… 104
- **4-3** 授業の雰囲気とめざす子ども像 …… 111
- **4-4** これからの学習評価と OKJ …… 119
- **4-5** 学習法講座と OKJ の連携 …… 123

OKJとは何か

　この章では,『「教えて考えさせる授業」を創る』(図書文化, 2008) が刊行されOKJがどのように展開されてきたかをお話しします。OKJが生まれた経緯については, その本の中でもかなり詳しく述べているので要約にとどめます。

　どんな授業なのかの具体的なイメージをつかんでもらうために, 私自身が沖縄県の小学校で行った算数のデモ授業を紹介します。この授業をもとに, OKJという授業設計論の流れと特徴を見てもらいます。

　そのうえで, OKJが何を大切にした授業なのかをポイントとしてまとめます。OKJを単に授業展開の形式とか型としてとらえるのではなく, その背後にある学習観や授業観をつかんでいただきたいと思います。

　最後に, OKJのことを本で読んだり, 講演で聞いたりした学校の先生方が, どう受け止めたかについて具体的に紹介します。また, 実際にOKJを取り入れた学校では, どのようなことが起こりがちかについても紹介しつつ, OKJとは何かについてあらためてまとめます。

OKJはなぜ生まれたのか

学習相談での子どもたちの声

　OKJを提唱することになったきっかけは，学術的な理論からではなく，学校や教育行政からの要請にこたえたものでもありませんでした。学習相談の場で「学校の授業がわからない」という子どもたちの声を聞き，1990年代の実際の授業を見て大きな違和感を感じ，提案するに至ったものなのです。

　1989年，私は東京工業大学に赴任してまもなく，地域の児童生徒を対象に，「夏休み学習相談室」を開設しました。研究室の学生や有志の教育心理学者でチームをつくり，下は小学校3年生から，上は高校2年生くらいまでの個別学習相談をします。学習や理解という認知的な問題に対して行う相談活動であることから，これを**認知カウンセリング**（コラム 1-1 参照）と名づけました。

　いわば，ボランティアの家庭教師のようなものですが，私たちとしては，「子どものつまずきがどういうところにあるのか」「家庭での学習はどのように行っているのか」「どういう教え方が効果的なのか」などを，面接と個別指導を通じて実践的に研究する場でした。月に1度，学校の先生といっしょにケース検討を行い，指導方法の改善を話しあうとともに，認知心理学や教育心理学の研究テーマとしてどう展開していったらよいかを考えてきました。この研究会は，もう30年以上続いています。

　子どもたちがもってくる最大の悩みは，「授業がわからない」ということです。なぜ，そんなにも授業がわからないのか。私は，てっきり，いわゆる「教え込み」「詰め込み」の授業を受けているからだろうと思っていました。これは日本の教育の悪しき伝統のように言われていたからです。ところが，1990年代を通じて，「授業で，先生が教えてくれないのでわからないんです」という子が増えてきたように感じていました。

コラム1-1　OKJのルーツとしての認知カウンセリング

　認知カウンセリングがOKJのルーツであるということは，その場で子ど
もたちが授業について述べていた不満がOKJを提唱する大きなきっかけに
なったということ以上のものがある。それは，認知カウンセリングとして行
う学習相談の考え方や技法がOKJのもとになっているということだ。

- ・ただ反復して丸暗記するのではなく，意味理解を重視すること
- ・教わったことを学習者自身が自分の言葉で説明すること
- ・間違いからわかったことを教訓として引き出すこと
- ・メタ認知や学習方略の改善を図って，学習者の自立をめざすこと
- ・予習して疑問をもって授業に出ることにより，授業理解を促すこと

などは，認知カウンセリングのごく初期から実践していた方法である（市川，
1993，1998）。これらは，個別指導という状況だからこそやりやすい面もあ
るが，OKJでは，教室で他の児童生徒がいる場合にアレンジして取り入れ
ている（第1章−3参照）。

1990年代の学校の授業を見て

　私は，最初，子どもたちが何を言っているのかよくわかりませんでした。
授業で先生が教えてくれないとすると，授業というのは，いったい何をし
ているのだろう。子どもに聞くと，「さあ，考えてみましょう」「いろんな
考えを出しあいましょう」という，自力解決，協働解決の時間がやたらに
長く，教師はきちんと教えてくれないまま授業が終わるらしいのです。授
業のたびにわからないことがどんどん増えるので，学習相談にやってきた
と言います。

　確かに，1990年代は，「ゆとり教育」「新しい学力観」「学習者中心の授
業」「指導ではなく支援」などの言葉が飛び交った時期でもあり，教師が
黒板や教具を使って「教える」ことは，あたかも古いこと，悪いこと，と
いう方向に教育界は大きく動いていました。「教師は教えたいことを教え
てはいけない」「課題を出したら子どもにまかせる」「子どもが考えて気づ
くのをじっと待つ」という教育方針を，教師や助言者が明言する場面にも

OKJとは何か

しばしば出会いました。

　私自身も，学校の授業を見学に行くことがしだいに多くなりました。高校の授業というのは，私が生徒だったころに受けていたのとあまり変わらない講義中心の印象を受けました。そこでは，教師が一方的に説明し，挙手した生徒の発言をベースに進められるために，授業がわからなくなる生徒が多く出るという様子が見てとれました。ところが，小学校では，「なるほど。これが相談に来た子どもたちがわからないと言っていた授業なのか」という，「教師がほとんど教えずに考えさせる授業」をよく見かけました。中学校では両者が混在しているようでした。

　私は，1990年代当時，教育界に発言する立場でもなく，学校や教育委員会と連携する機会もありませんでした。しかし，そうした授業を見るたびに，「これは，明らかに偏っている」「教師はよかれと思ってやっているが，子どもはつらいだろう」「学力をつけようと思えば塾にいくしかないのか」とひそかに感じていました。また，一方では，Researcher-Like Activity（RLA, コラム1-2参照）という，探究学習の実践研究もしていたのですが，基本的なことが習得できていなければ，とても高度で充実した探究学習などできないだろうとも思っていました。

OKJ の位置づけ

　それでは，図1-1を見てください。OKJとは何かいうことで，私がこの10年ほど頻繁に使うものです。「習得－探究」という用語は，2001年ごろから私が講演や教育雑誌などで使い出したものですが，その後中教審の審議の中で「活用」という言葉が入ってきて，**習得・活用・探究**が，その後の中教審答申や2008年改訂の学習指導要領のキーワードになったという経緯があります（第4章－1参照）。また，2017年の指導要領改訂でも，「習

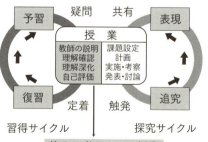

図1-1　習得の授業としてのOKJ

コラム1-2　研究者になってみる学習活動（RLA）

　研究者が行っているような活動を学習者が模擬体験して，そのおもしろさや難しさを体験しながら学んでいくのが Researcher-Like Activity（RLA）である。大学や大学院では，ゼミ研究や卒論研究などがもともとあるが，私は，学生が講演者になる，パネル討論をする，論文査読者になる，などの活動を授業の中に取り入れていた。中学校の数学の授業として，琉球大学附属中学校の狩俣智教諭は，生徒自身が問題とその解答をつくり，ポスター発表したり，論文集としてまとめたりする授業を実践している（市川，2004，2019b を参照）。当時は，「文化的共同体で末端的な活動からはいり，しだいにその中で中核的な役割を担っていく」という「正統的周辺参加論」（レイブとウェンガー，1993）が「社会における真正の学習のモデル」として影響力をもちつつあった。一方，「中核的な活動をいろいろ模擬体験し，その中から自分で選んで本物度を高めていく」というのが，学校教育での活動ではないか，というのが RLA の背景にある。「〜になってみよう」という学習活動は学校でときおり見られるが，むしろこれに近い考え方である。

得・活用・探究」は引き続き重要なキーワードになっています。

　OKJ とは，あくまでも習得の授業であるというのが大事な点です。よくある誤解なのですが，「教えて考えさせる」というと，「習得で教えて，探究で考えさせるという話ですよね」とか，「1時間の授業の中に習得と探究を入れるということですか」などと受け取ってしまう人もいます。どちらも誤解です。「習得の授業の中に，教える場面と考えさせる場面を入れる」というのが，OKJ なのです。

　「教える」にあたるのが，**教師の説明**です。「教える」というのは，教師から学習者に情報を提示するという意味で使っています。情報は言葉だけとは限りません。図や動画などの視覚情報もあるし，実技教科なら演示を見せるようなことも情報提示です。教科書は活用してほしいですが，教科書の説明がわかりにくいところは，教材・教具を工夫することが求められます。子どもたちに，わかりやすいインプットを与えるというのが，教師の説明にあたります。

そこから先は考えさせる場面になります。子どもたちが考えて，表現するというアウトプット活動をしてほしい。**理解確認**では，先生から習った用語やポイントを，自分の言葉でペアや小グループで説明します。問題を解くにしても，答えを合わせるだけではなく，どうやって解いたのか，解き方のプロセスを自分の言葉で，ノートを指さしながら友だちに説明するという活動を，よく行っています。もうここからアウトプット活動が始まっているわけです。

　理解確認までで，教科書で説明されているような新出事項や基本的な例題を扱うことになりますが，ひととおりのことを習ってもなかなか深く理解しているとは限りません。**理解深化**では，さらに深い理解をめざして，小グループでアイデアを出しあって課題解決をします。どのような課題を用意するかが重要ですが，普段は教科書の発展問題を用いるのでもかまいません。実技教科では，コツやポイントを教わってもなかなかできないものですから，「頭でわかっている状態から，体得した状態になること」を理解深化としています。

　「考えさせる」の最後は**自己評価**です。いわゆる「振り返り」にあたりますが，単に「今日の授業がどれくらいわかったか」「今日はどれくらいがんばったか」を段階評定するようなものではありません。今日の授業を通じて，自分がわかったことは何なのか，まだわからないことは何なのかを，自分でモニターし，自分の理解状態を自分で診断して記述するということを求めます。

　「考えさせる」の中にも，理解確認，理解深化，自己評価があります。そして，授業の前には簡単な予習，授業の後には復習を入れて，サイクル全体として「深い理解を伴った習得」をめざす。一方では，自分で興味関心をもった課題を設定して，それを追究するという探究サイクルの学習があります。習得と探究をバランスよく，しかも獲得した知識や技能を活用しながら学習活動を進めていくというのが図 1-1 のモデルに込められたイメージです。

どんな授業なのか
―平行四辺形の面積の授業から

┃ 全国学力・学習状況調査をきっかけに

　2007年から全国学力・学習状況調査（全国学力調査）が実施されるようになりました。当時の中教審や文部科学省は，学力低下論争（第4章－1参照）のあと，学力向上にかなり舵を切っており，2008年の学習指導要領改訂に向かっているところでした。全国の公立学校で悉皆調査として行われ，学校ごとに結果が返されました。都道府県別の平均点が公表されたので，マスコミにも大きく取り上げられることとなりました。

　この結果を見て，かなり驚いた学校や自治体は多かったはずです。「うちの県がこんなにいいとは思っていなかった」というコメントもあれば，「なぜ，うちはこんなに悪いのだ」というところもありました。そのとき，市としてOKJに取り組んでみたいといって私を呼んでくれたのが沖縄県のA市でした。そこの指導主事の方が開口一番に，「手を抜いていたわけではなく，子ども主体の，思考力や表現力を育てる授業を進めてきたつもりだった。しかし，基礎基本さえ全然身についていないことがわかった」と言うのです。

　そこで今後どうするかを考えていたときに，OKJのことを知ったということでした。「こういうアタリマエのことをしっかりやらなければいけない」ということで，教育委員会としては，研究校を順次指定し，私は年に3回くらい，小学校を中心にA市を訪れるようになりました。教育委員会として本格的にOKJを取り上げたのは全国でA市がはじめてでしたが，そこで，私自身もTTで授業をしたり，研修方法を考えたり，いい経験を積むことができました。

　はじめて行く学校で，「OKJとはどんな授業なのか見せてほしい」と言われると，「では，いっしょに指導案をつくり，TT（チーム・ティーチング）でやってみませんか」ともちかけることが多いです。そして，その原案は

まず担任の先生につくってもらいます。結果的には,指導案検討する中で,相当修正して原案とはまったく違うものになってしまうことが多いのですが,最初から私が案をつくってしまうと,従来の授業とどう違うのか,どこがOKJらしい工夫なのかが実感できません。

どの教科で,どの単元,どの時間をするかは,担任の先生におまかせしますが,「習得の授業であること」「教科書の内容をベースにしたもの」であることが原則です。また,できれば「これまで,定着や理解が悪くて,指導に困っていたところ」をするほうが研究としておもしろいし,意義があるということも伝えます。このときは,「平行四辺形の面積の公式」をすることになりました。

平行四辺形の面積の公式は,「底辺×高さ」です。これを,1時間かけて自力発見させようとする授業が,私の見た限りでは一般的です。教科書会社の提供する指導書も,基本的には,「長方形の面積の求め方(縦×横)」という既習事項を生かして,子どもに発見させようという展開です。それを「授業のはじめに教師から教えてしまおう」と言えば驚かれます。ある算数教育の大家から,「これを1時間かけて子どもに考えさせることが,日本の算数の授業の本質なのだ」と言われました。OKJはまったく違う立場をとります。

実際の授業の流れ

まず,授業の最初に5分間の「予習タイム」をとりました。教科書の2ページ分を各自読んでもらいます。教科書には,理由(ケイコさんの考え方,シンジ君の考え方など)も含めて,なぜ「底辺×高さ」という公式になるのかが説明されています。説明の意味がよくわからないと思ったら,そこに付せんを貼っておくよう指示します。

「教科書を見せてしまったら,答え(公式とそれが成り立つ理由)を教えたことになる。それでは,授業にならない」と考えるのは早計です。実は,教科書を読んでも,「平行四辺形の面積の公式」の意味するところを十分理解できていない子がたくさんいるという認識に立つことが重要です。

では,何がわかっていない子が多いのか。まず「底辺」と「高さ」の意

味です。底辺とは「底にある辺」と書きますが，置き方によっては斜めになることもあるし，鉛直方向になることさえあります。それがわかっていない子は，平行四辺形を斜めにしたり歪ませたりすると，とたんに混乱してしまい

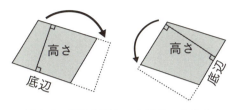

図1-2　底辺と高さの2通りのとり方

ます。平行四辺形では，任意の辺を底辺とすることができ，底辺に応じて高さが決まることも，意識していない子どもは多いものです。

そこで，**教師の説明**では，教科書にいちおう説明されている底辺と高さの意味を押さえ，首を傾けて見てみると底辺と高さが見えやすくなるという「傾けのワザ」を教えます。また，教科書の静止画ではわからない子もいるので，実際に平行四辺形の紙を切って長方形に変形してみせます。これは「切り貼りのワザ」と名づけます。底辺と高さのとり方は2通りあり，それぞれに対して縦横比の異なる長方形ができますが，面積としては同じになることも図1-2のように示します。ここが約10分です。

理解確認として，「底辺の示してある平行四辺形には，高さを書き込む」「高さの示してある平行四辺形には，底辺を書き込む」という課題を合計4つ与えました。ここは，机を3〜4人の島型配置にして，よくわからないときは教えあうことも進めます。やはり間違う子も出てきました。そこで，誤答例をもとに，クラス全体でもう一度確認します。ここが約10分になります。

そこからさらに，**理解深化**です。私が取り上げたのは，2007年度の全国学力調査で出題された，平行四辺形の公園の面積を地図から求める問題（図1-3）でした。一種の

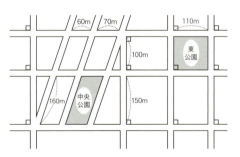

図1-3　公園の面積を求める問題
(2007年度全国学力・学習状況調査小学校算数調査問題を一部改変)

情報過多問題になっており，底辺と高さにあたるものを取り出して面積を求めるという問題で，正答率が低かったものです。ここも小グループでの協働解決としましたが，やはり誤答が出ました。つい底辺と斜辺をかけてしまうのです。ここには，約15分をとりました。

　自己評価には5分くらいとりました。3割くらいの子どもが間違えてしまい，たいへんくやしそうでしたが，「うっかり間違えやすいことがわかった」ということが記述にもよく表れていました。公式を知っているつもりでも，実際にどんな間違いをしやすいのかということが意識されれば，この授業は間違えた子にとっても十分意味があるものだったと言えるでしょう。

授業から見る OKJ の特徴

　従来の「問題解決型授業」で，子どもにじっくり考えさせていた面積の公式を，予習や説明であっさり教えてしまうのは，なぜでしょうか。それは，逆に，自力発見させる授業で，現実にどういうことが起きているかを見ればわかるはずです。一方には，先取り学習ですでに公式とその導き方を知っている子がいます。学校では未習の内容であっても，塾で習っていたり，好奇心の強い子は教科書を先読みしていたりします。他方には，既習内容もあやふやで，自力発見や討論を促してもとても授業についてこれない子がいます。

　どの地域に行っても，先生方が困っているというのが**大きな学力差**です。その状況で，「教科書を閉じさせ，そこに書いてあることを発見的に気づかせようとする」という授業をしても，「ためになった」と思える子どもは少ないでしょう。それならば，基本的な内容は，予習も含めてまず共通に教え，クラス全員でそれ以上の学習に進むほうがよいというのがOKJの考え方です。

　「それ以上の学習」とは何か。まず，教わったことをきちんと理解しているかどうかを確認する課題を行うこと。さらに，ひととおりのことを教わっても理解が浅い点を掘り下げたり，習ったことをどのように活用，応用するかがわかるような課題に取り組んだりすることです。先の理解深化

で用いた問題の正答率は，6年生の全国平均で約18%だったといいます。なぜこんなに低いのでしょう。1時間の授業の大半を平行四辺形の面積の公式の自力発見に使ってしまい，この公式の意味するところや，間違いやすい点に思い至るような課題をする時間をとっていないからです。

　「基本的原理にあたるものを，数学者のように自力発見する」という理想を算数教育の専門家から聞くことがありますが，それを習得の授業の「スタンダード」とするのは，現実的ではありません。それは，むしろ探究の授業でやってほしいことです。普通のクラスの習得の授業では，教科書を見ればそこに出ているような基礎的内容は教師からわかりやすく教え，その先の問題解決に取り組んで，**深い理解を伴った習得**をめざすのが学力や学習意欲の向上から見てもはるかに望ましいはずです。

OKJが大切にしていること

OKJ というのは，教師の説明，理解確認，理解深化，自己評価の４つのステップで進行する授業です。しかし，それを型通り進めるだけでは，OKJ らしい授業にはなりません。なぜ，そのようなステップにしているのかと言えば，その背後には OKJ が大切にしている理念やねらいがあるからです。それは，OKJ のスピリッツとか，マインドとか呼ばれることがあります。第１章－２で示した平行四辺形の面積の授業をもとにして，OKJ が何を大切にした授業なのかをまとめます。

深い理解を伴った習得

OKJ が最もこだわっているのは，第１章－２でも出てきた，「深い理解を伴った習得」ということです。学習や記憶については，伝統的に２つの考え方があります。１つは，何度も反復して習熟することによって知識や行動を身に付けるという考え方で，心理学の理論では，**行動主義**にあたります。もう１つは，情報の意味，規則，構造，因果関係などを理解して自分の知識体系の中に組み込んでいくという**認知主義**の考え方です。

反復・習熟による学習のしくみは，動物が一般的にもっているもので，それによって適応的な行動をとれるようになっていきます。もちろん，人間にもそのしくみは備わっています。運動でも，学校の勉強でも，とくに初心者のうちは基本的な練習をくり返すことが重要であり，それなしには上達できません。しかし，レベルが上がってきたときに，ただ単純にくり返すだけでは，限界がきてしまいます。

漢字の学習で言えば，小学校低学年では同じ漢字を 30 個ずつ書いて覚えるというような練習がよくあります。単純で，覚える数が少ないうちはそれでも十分なのです。ところが，千個，二千個もの漢字を覚えるとなると，ただくり返すのではなく，漢字の意味や構造についての知識が覚える助けになります。４年生では，部首というものを教えてくれます。たとえ

ば，「ヘンとツクリ」という構造があるとか，「木ヘン」のつく字は木に関係があるというような知識です。構造や意味に関する知識があると，漢字も覚えやすくなります。

　さきほどの平行四辺形の公式「底辺×高さ」で言えば，何べんもこの公式をくり返しているだけでは，他の公式が出てくると混乱して思い出せなくなったり，間違えたりします。底辺とは何か，高さとは何か，なぜ底辺と高さをかけると面積になるのか，といったことがわかっていればなかなか忘れません。さらに，公式を呪文のように丸暗記しているだけだと，「高さ×底辺」で面積を求めてもいいのか，といった基本的な問題にさえ答えられなくなります（コラム 1-3 参照）。

　理解を伴った知識はなかなか忘れないし，応用もきくというのは，算数・数学に限らず，どの教科でも多かれ少なかれ言えることです。学校の教科で学習する内容は，小学校高学年，中学校，高校となるにつれてしだいに高度になってきますから，反復だけに頼って断片的な知識を丸暗記しているだけだと限界がきてしまいます。「なるほど，わかった！」と納得できたことは，なかなか忘れない，という経験はだれしもあるはずです。

コラム1-3　公式の順序どおりに立式しないといけないか

　公式通りの順序で立式しないとバツにする，という指導をする先生をときおり見かける。たとえば，長方形の面積の公式は，「縦×横」なのだから，式もこの順序で書くべきだというのであるが，ある図形の面積というのは単位面積がいくつ含まれているかということなので，この公式の意味は「2 つの辺の長さをかけ合わせると面積になる」ということだ。縦を先に，横を後に書かないといけないということではない。むしろ「単位となる正方形が全部でいくつあるかを考えれば，縦×横でも横×縦でも求められる」というのが本質的な意味理解であろう。もし，「長方形の面積は縦×横にしないといけない」と指導された従順な子どもは，平行四辺形を高さのところで切って等積変形し長方形にしたとき，縦が高さにあたり，横が底辺にあたるのを見て，「先生，違います。高さ×底辺です」と言うだろう。

注意したいのは，けっして反復練習を否定しているのではなく，それだけでは高度な教科の学習についていけなくなるということです。かつて，教育心理学の中でも行動主義が優勢だったころには，「実際の授業をするうえでなかなか参考にならない」と言われたものでした。しかし，理解をキーワードにした認知主義が盛んになるにつれて，教科の学習や授業にも結びつくようになったという経緯があります。それが1980年代ごろからであり，OKJもその流れをくんでいます。

┃メタ認知を促す

　今回の学習指導要領改訂（2017年）に向けての中教審の議論の中で，かなり飛び交った心理学用語が**メタ認知**でした。これも，認知心理学の中では1980年代ごろから盛んに研究されているテーマで，私たちが認知カウンセリングを行うときにも重視していたことです。中教審の議論を通じて，教育界にもかなり用語としては浸透したようですが，その意味はどうもとらえにくいところがあります。

　認知（cognition）というのは，広い意味では，「知情意」の知にあたる人間の知的なはたらきのことをさします。知覚，記憶，推論，判断，言語理解，問題解決とかいったものです。ですから，子どもたちが教科の内容を学習するというのは，まさに認知的な活動です。しかも人間は，「認知している自分」というものを自覚的にとらえることができます。たとえば，自分の知的能力，理解状態，学習方法などについて意識し，それを高めるようにコントロールできます。それがメタ認知（metacognition）です。

　「メタ」というは「一段高次の」という意味があります。ですから，メタ認知というのは，認知している自分のことを対象化して高次の視点から見るということになります。これは，たいへん難しいことで，年齢が上がるにつれてだんだん発達していくものです。とくに教科学習のレベルがしだいに上がってくると，自分の理解状態，つまりどこがわかっていて，どこがわかっていないかを判断したり，自分の学習方法について自覚的にとらえてそれを改善しようとする姿勢が求められます。

　私たちが，認知カウンセリングで，個別に面接をしながら学習指導をし

ていると，学習がなかなかうまく進まないという児童生徒には，「わかっ
ていることとわかっていないことが自覚できていない」とか，「自分の学
習方法を見なおしてみることをしない」とかいう特徴があります。内容的
なことを教えるだけではなく，メタ認知の力をつけることこそが，自律的
に学習を進めていくことに直結します。社会に出てからも学び続けていく
ためには，必要不可欠な力です。

　1対1の個別指導ではないため，難しい点もありますが，OKJでは，
認知カウンセリングで行っていた指導方法を積極的に取り入れています。
まず，自分がわかっているかどうかを自覚するための目安として「人に説
明してみる」という活動をよく入れます。典型的なのは，理解確認の場面
でお互いに説明する活動ですが，予習のときから，「人に説明できそうに
ないところに付せんを貼っておく」ということを促します。自己評価では，
今日の授業の中で「わかったこと，わからないこと」を具体的に記述する
ようにしています。

　児童生徒に，「わかりましたか」という質問をすることは，メタ認知を
促すうえであまり役に立ちません。子どもたちは「わかるというのがどう
いうことか」もよくわかっていないし，わかっているかどうかを確かめる
方法もわかっていないことが多いものです。用語や事実の丸暗記でなく，
それらの意味や関連性をつかんで説明できること，解けて答えがあってい
るだけでなく，公式の導き方，構造，使い方などを説明できることなどが
深い理解です。授業の中でそれを求めることで，自分の理解状態を診断す
るメタ認知が育っていきます。

┃ インプットとアウトプットのバランス

　深い理解を伴った習得をするには，どのような方法があるでしょうか。
ここでも，大きく2つのやり方があります。1つは，「人にわかりやすく
教えてもらう」「わかりやすい本を読む」といったように，良質の**インプッ
ト**を受けることです。良質というのは，意味，構造，原因・理由などが学
習者に見合ったレベルで表現されているということになります。もう1つ
は，学習者が自ら考えてそれらを見出すという方法です。これは，自力発

見，自力解決による学習ということになります。

　心理学でいうならば，前者は，外からの情報を理解して受け入れるという学習で，**受容学習**（reception learning）と言います。後者は，自分で発見することから，**発見学習**（discovery learning）と呼ばれます。これは，どちらにも長所，短所があり，一概にどちらが良いとは言えません。受容学習のほうが学習者の負担は少なく，与えられる情報の質がよければ記憶にもよく残ります。発見学習は，達成感や満足度が高く，問題解決の力を育てることになります。しかし，発見するためにはかなりの学力や努力を要することもあり，発見できずに終わってしまうというリスクもあります。

　日常生活を考えてみれば，私たちは，両方の学習を柔軟に行っています。本，新聞，雑誌，テレビ，ネットなどから情報を得るのはすべて受容学習ですし，それなしには，新しい知識を得ることは困難です。ただし，それだけではなく，自分で考えて気づいたり，何かのアイデアを出したりする発見学習も行っています。創造性が高いと言われる科学者や芸術家でも，すべてを自力発見しているわけではなく，両方の学習をしています。

　OKJ は，受容学習と発見学習の両方の長所を生かせるように組み合わせたものです。予習も含め，教師からわかりやすく教えるという受容学習の部分は，どちらかと言えば，学力低位の児童生徒に焦点を当てます。平行四辺形の授業で言えば，予習として教科書を読み，教師が実際にハサミで切って，「切り貼りのワザ」で長方形に変形することなどは，教えています。また，底辺と高さの意味や，「傾けのワザ」なども受容学習として教えています。学力の低い子にもそこまではぜひ理解してほしいからです。

　ただし，受容学習といっても，「受け身ではなかなか身に付かない」ということは非常に大切です。外から与えられた情報にしても，自分で能動的に理解しようとしなければ,自分の知識として落とし込めない。これは，認知心理学の重要なメッセージです。そのために有効なのが，「自分の言葉で説明してみること」で，ここに**アウトプット**が入ってくるわけです。理解確認の場面で，自分の言葉で用語や解き方を説明することを求めるのはそのためです。よくわかっていないと説明できませんから，説明しようとすることで理解が促進されるし，説明できたかどうかで，学習者自身も，

教師も理解状態を把握することができます。

　さらに，理解深化の段階では，コミュニケーションを通じての協働的な発見学習をします。ここでは，対話，相談，ノートへの書き込みといったアウトプットがなされます。自己評価は，今日の学習を振り返って，自分の気づいたことやわかったこと，わからなかったことなどをノートやワークシートに記述するのですから，これもまたアウトプット活動です。

　こうして見てくると，OKJ が全体として，インプットとアウトプットのバランス（**Input-Output バランス**）に配慮しながら，「理解を伴った習得」や「メタ認知の育成」をめざしていることがわかるでしょう。「教師の説明」の場面を見ていると，いかにも教師が教え込んでいる一斉授業のように見えるかもしれません。しかし，理解確認や理解深化の場面では，子ども同士が活発なやりとりをしており，いわゆる「アクティブ・ラーニング」らしい様子が見られます。このメリハリこそが OKJ の大きな特徴と言えます。

OKJの受け止め方

講演や研修のアンケートから

2008 年は OKJ と題する本が初めて出版され，中教審答申に「教えて考えさせる」という文言がはいった年ですが，このころは OKJ にとって「第1の波」でした。学校や教育委員会の研修や講演に呼ばれることが急に増えてきました。そのときに書いてもらったアンケートから，OKJ について，学校の先生方は，どのような意見・感想をもつのかをうかがい知ることができます。

当時，長崎県のB市で，小・中学校教員や教育センターの指導主事などを対象にした，合計約 600 人の比較的大規模な研修会がありました。アンケートでの全体的な評価項目として，「良かった」「やや良かった」「あまり良くなかった」「良くなかった」の4段階評価がありました。これを見ると，それぞれ40％，52％，4％，0％で，未記入が4％でした。具体的にどのような意見・感想が寄せられたのか見てみましょう。

全般的に多いのは，「教えて考えさせる授業」についての肯定的な意見・感想です。

> 納得させられた／大いにうなずけた／考え方に賛成だ／代弁してもらった気がした／背中を押されたようだった／今後推進されるべき教え方である／これから目指す授業であると思う／授業改善の流れができてうれしい

といったものです。さらに，実践に取り入れ，もっと勉強していきたいという積極的な姿勢が表れているものもあります。

> 実際の授業で実践したい／校内研修等で取り入れたい／本を読んで勉強したい

具体的に，どのような点に共感したのかということを述べた意見として，次のようなものがありました。授業外の学習活動についても触れられています。

> 「教える」ということを大切にしたい／低学力の子を引き上げるヒントがこの授業スタイルにあると感じた／学力向上，個人差の両方に対応できる／自己評価活動の大切さがわかった／家庭学習での工夫のさせ方を考えたい／学力充実のためには，学校外でもできることがあることがわかった

　研修担当者によれば，県ではいわゆる「問題解決学習」を奨励してきましたが，問題解決学習一辺倒ではなかなか学力がつかないということが指摘されていたそうです。実際，全国学力調査の結果，全国平均から見ると非常に悪い結果となってしまい，私が研修に呼ばれたのには，そのようないきさつもあったと言います。次のように，これまでの教育方法に関する反省もアンケートの回答で出てきています。

> 今までにない授業方法で驚いた／型にはまった授業展開にとらわれすぎず，教師自身が多様な考え方をもたないといけないと感じた／従来の問題解決学習に限界を感じていた／問題解決学習による学力の二極化を感じている／教えずに考えさせることの問題点が理解できた／自分の授業を反省した／悩みの解決策が見えた

　もちろん，肯定的な意見ばかりではありません。「どうもピンとこない」「よくわからない」という意見も寄せられています。

> 今までの授業を根底から覆す内容だったので，いまだにピンとこない／疑問に思うことがあったので，勉強したい／実践していないので，はっきりと理解できないところがある／ベストなのか，疑問が残った／おもしろいと思う一方で，難しいなと感じた／具体例のところを深く話してほしかった／もっと具体的実践例を紹介してほしい

　また，OKJの初期には，実践例がほとんど算数・数学と理科に集中し

ていたので，当然ながら，次のような意見もありました。

> 小学校算数にはぴったりとあてはまるが，他校種，他教科に使えるか疑問がある／国語で使えるのか疑問である

最後に，批判的な意見・感想の例を挙げておきます。

> 賛成できない。子どもたちの学習活動も十分に保証されていない／論の進め方が強引だなあと思った。他の問題点を思いつく限りあげて，自分の提案の優位性を印象づけようとしている

「問題解決学習」が推奨されてきた県であれば，長年の間それに熱心に取り組んできた先生が多いはずで，反発があろうことは私も覚悟していました。しかし，このくらいしか出てこなかったということは，むしろ驚くべきことと言えます。この2つの意見については，ここであらためて私の返答を述べておきましょう。それは，OKJの立場を正確に理解していただくことにもつながるからです。

　第1の意見に関して言えば，「子どもたちの学習活動の保証」とは何なのでしょうか。外から知識を与えずに，子どもが思い思いのことを言ったり動いたりすることだとすれば，それは，一見能動的な学習時間を量的に確保しているだけで，学習活動の質を保証していることにはなりません。そもそも，予習したり教師の説明を聞く「受容学習」も，理解確認活動を行うのも，大事な「学習活動」です。受容学習で得られた知識が理解深化や探究の場面で「活用」され，質の高い思考や活動を生み出す。これこそが，「子どもたちの学習活動の十分な保証」ではないかと考えます。

　第2の意見について言えば，私は，「問題解決学習は，うまくいった場合には，充実感や達成感のあるすばらしい授業になる」ということを常々認めています。たとえば，生徒の学力が比較的高くてバラツキが小さいクラスで，適切な課題設定がなされた場合はうまくいくでしょう。ところが，「うまくいく条件が限られており，一般の公立学校で日常的にするにはリスクが大きい」のです。そうした条件を考慮せずに，教師主導型一斉授業の欠点を挙げて，「問題解決学習こそが，理想的な授業スタイル」と思わ

せてしまったのが，1990 年代の問題だったのではないでしょうか。「振り子のように揺れ動く」と言われる日本の教育において，今こそ冷静にそれぞれの長所・短所を考慮して，バランスを考える時期にきていると思っています。

「OKJ はアタリマエ」という意見の問題点

　繰り返すことになりますが，OKJ はけっして「斬新なもの」「奇抜なもの」ではありません。「教師が基本的なことを教えて，それが学習者に理解されたかを確認し，共通の基盤をつくってからさらに進んだ課題に取り組む」という授業論は，むしろ「超オーソドックス」と言えるものです。これは，歴史的にも，社会的にも，科学的にも，最も基本的な学習のしかたであるはずです。むしろ一般の社会人の方や，高校・大学の教員は，なぜことさら OKJ などと言う必要があるのか，不思議に思うかもしれません。

　すると，OKJ の話を聞いたときに，「そんなのはアタリマエである」という意見も出てくることになります。まず，うちの研究室の学生に言われました。最初に OKJ という考えを発表したのは，前述した認知カウンセリングの研究会で 2000 年ごろだったのですが，当時の大学院生から「先生，何を当たり前のことを言っているんですか。どこの学校でもやっていることでしょう」と言われてしまいました。

　そのころ，私は全国的に授業を見ているわけではありませんでしたので，「いやいや，そうでもないんだよ」とは言えなかったのです。認知カウンセリングでの子どもたちからの話と，東京近郊での授業を見ている限り，OKJ とはずいぶん異なるという印象をもっていただけでした。ただ，「自分が小学校で受けた授業は，まさに『教えずに考えさせる授業』だった」と不満を込めて述べる学生もいました。その後，私自身，全国各地の学校を見るようになり，「OKJ は一見当たり前に見えるが，ありふれた授業ではない」と考えるようになったのです。

　高校の先生からは，「OKJ には賛成ですけど，私は 30 年前からやってますよ」と言われることもありました。「はじめに教師から解説します。つまり，教えてます。次に，問題演習をやりますから考えさせてます。だ

から教えて考えさせる授業ですよね。これは，昔からずっとやってるスタイルです」と言うのです。しかし，もっと聞いてみると，これは OKJ とは，だいぶ違うのです。

「先生が説明した後に理解確認をしてますか。たとえば数学で微分係数や導関数を教えたあと，『じゃあ，微分係数と導関数の関係を説明してください』というような場面をとっていますか」と聞くと，「ああ，それはなかった」と言います。私が高校生のときもまったくなかったですし，今の授業を見ていても，先生が教えてくれたことを生徒同士ペアになって説明しあうような理解確認場面がある授業はまずありません。

研究会に来る高校の先生に，同僚の先生はどうかと聞いてもらうと，「理解確認で説明させたりする必要はない」という意見が多いそうです。「先生の教えたことをペアになって説明しあうなんて，時間の無駄だよ。だって，今，教えたばかり，しかも高校生なんだから，わかっているにきまっている。生徒に説明させる時間があったら，早く問題演習にいったほうがいい」ということだそうです。

中学生，高校生ですと，「わかりましたか？」「質問ありますか？」と先生から聞いても，「いや，わかりません」といって質問してくる生徒はまず見かけません。それで，「質問が出なかったからわかったのだろう」ということにして，進んでしまうのではないでしょうか。OKJ に取り組んでみた先生からは，「試しに説明させてみたら，あまりにも通じていないのでびっくりした。やはり説明させてみないとわからないものだ」という声をよく聞きます。

問題演習の時間は確かにあるのですが，理解確認をしていないと，演習が手につかない生徒がたくさん出てきます。先生は教室を机間巡視はしているのですが，1人の先生が 30 〜 40 人を相手に机間巡視しても，そう丁寧に教えられるわけではありません。高校の授業では，協働学習もあまり入れていないので，教えあいや相談もできないまま，ほうっておかれる生徒が出てしまいます。考えるすべもなく，授業に参加しなくなる生徒が増えるのも無理はありません。

また，「授業の最後に自己評価として，今日わかったこと，わからない

ことをまとめさせていますか」と聞くと，「それもなかった」という答え
が返ってきます。OKJを導入したある高校の物理の先生が，「質問カード」
という形で導入したら，生徒がわからないことをたくさん書いてくれたそ
うです。それを見て，「こんなに自分の授業って伝わってなかったんだ。
こちらもびっくりした」とおっしゃいました。わからないことを書かせる
授業は，私が高校生のときにも受けたことがなかったし，今でもほとんど
見かけません。

　こうして見てくると，OKJは一見当たり前の授業でありながら，これ
まであまり見ることのなかった授業だと言えます。単に，教える場面と考
えさせる場面があるということでしたら日本では伝統的にもなされている
かもしれません。ただ，そこにOKJの大切にしているスピリッツ（ある
いはマインド）があるかどうか，さらに，4段階それぞれにOKJらしい
手立てが込められているかどうかが重要です。第1章の最後には，それが
うまく入っているのかを導入校の様子から検討してみましょう。

▌導入校での様子を見て——OKJのコア，プラスα，プラスβ

　第1の波となった2008年直後からは，講演やセミナーと同時に，OKJ
を学校全体で研究テーマとして取り組みたいというところが急増しまし
た。私も校内研修に行って，デモ授業や事後検討をすることが年に40〜
50回になり，研究者としての生活が大きく変わりました。普通は，個々
の学校が単独で決めて取り組みますが，前述した沖縄県A市のように教育
委員会が推進したところや，岡山県の公益財団法人福武教育文化振興財団
が県内の学校に研究助成をしてくれるというケースもありました。

　これらの導入校では，少なくとも，学校としてOKJを進めることに合
意がとれて私を呼んでくれたわけです。しかし，OKJとはどういうもの
かに関する教員間の理解はさまざまです。研究授業を見せてもらうと，
OKJらしい授業になっていることもあれば，「OKJがこういうふうに受け
取られてしまうのか」と思うこともありました。実践がはじまった学校の
様子を見て，私もOKJをどう説明したらいいのかを考えさせられました。

　OKJの理念や4段階の授業構成という話を本で読んだり，こちらから

スライドを使って話したりしても，どうもよくわからないという先生はたくさんいます。すると，「ひとまず型から入ろう」ということで，４段階の流れに形式的にあてはめただけの指導案をつくりがちです。また，そこには，それまでその先生がやっていた授業のスタイルが色濃く影響します。たとえば，

- 問題解決型でやっていたので，教師から教える場面でもずばりと教えない。
- 一斉講義型でやっていたので，一方的な話ばかりついつい長くなる。
- 理解確認では，類題を解かせて答え合わせをするだけで終わる。
- 理解深化場面で，小グループによる協働解決の場がない。
- 自己評価では，どれくらいわかったか，がんばったかなどの段階評定しかしない。

というようなことがしばしば起こります。

　これは，OKJ で重視しているはずの，深い理解，メタ認知，Input-Output バランスということが通じていないためと思われます。少なくとも，私自身，それを十分に伝えず，「OKJ とは，４段階の授業構成に基づく授業です」というような表層的な言い方をしていたことを反省したものです。

　また，講演や研修で OKJ を説明するとき，こちらから授業例を示しますが，その例に引きずられすぎて，必ずしも OKJ に必須とは言えないことまで，そのとおりにしなくてはいけないと思い込んでしまうことがあります。これは，私の出す授業例だけでなく，OKJ の実践校を見学に来た他校の先生方が，たまたまその日に見た授業の特徴を，「OKJ とはそうしないといけないもの」と誤解して，広まってしてしまうことも多々ありました。

　確かに，見ているほうにすれば，いま OKJ として発表されている授業の，どこが OKJ の基本的特徴で，どこがその授業者独自のものなのかはわからないので無理もないのです。また，その授業者の工夫というのも，OKJ の理念に沿ったものならばまだしも，そうでない場合に，それが OKJ として拡散し，OKJ そのものが反発されたり，拒否されたりするというこ

ともありました。

　最近，私は，OKJとは何かを説明するのには，図1-4のような3つの層の区別という話をしています。

①**コアの部分**：OKJの理念と4段階の授業構成

　　OKJの定義とも言える，最も基本的な特徴です。本章1−1，1−3で説明してきました。大事なことは，単に型として4段階の授業をすればいいということではなく，何のために，何を大切にしてそのような構成にしているのかということです。

②**プラスαの部分**：OKJによく付随している方法

　　OKJで常に必須というわけではありませんが，しばしば入っているものです。たとえば，授業の理解を促すために予習を入れること，教師の説明場面で教科書を活用すること，理解確認では相互説明活動を入れること，理解深化では協働的問題解決場面を入れることなどがここに含まれます。

③**プラスβの部分**：各授業者が付け加えている方法

　　OKJのバリエーションとして，それぞれの授業者が独自に工夫して入れているものです。指導案をどんな形式にするか，生徒の実態によっては予習タイムを授業時間内にとること，説明場面での教具やICT教材を工夫すること，協働学習場面での机の配置や発表のしかた等々がこれにあたります。

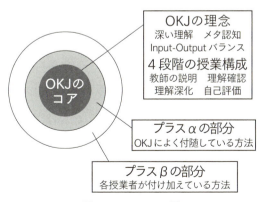

図1-4　OKJの三層

第2章では，これらの視点からそれぞれの授業を見ていただけると，OKJ がけっして型にはまった授業ではなく，コアを大切にしながら，かなり自由度の高い授業になりうることがおわかりいただけるのではないかと思います。

「教えて考えさせる授業」を創る　アドバンス編

OKJの実例から

　OKJがどのような授業かをわかっていただくためには，OKJらしい授業を見てもらうのが一番です。しかも1つ，2つだけだと，その授業に含まれる固有の特徴までOKJ共通の特徴であるかのように思われがちなので，いろいろなものが必要です。

　本章では，全国各地の小学校から高校まで，これまで刊行された書籍では紹介されていない授業を取り上げました。私自身が学校の先生といっしょに指導案をつくって実施したものもあれば，OKJ実践校の先生が単独で行った授業もあります。

　OKJは当初，算数・数学をメインに導入されていましたが，しだいに国語や社会などをはじめ，音楽や道徳などまで，教科が広がってきました。できるだけ多様な事例になるよう，実践例の少ない教科も本章では取り上げています。

　また，学力的にもさまざまであり，OKJがけっして特殊な学校でのみできるものではないことがわかってもらえるのではないかと思います。各事例は「実践の経緯」「本時の展開」「授業の実際」を中心に掲載します。

OKJの実例を見るにあたって

　OKJ の「第 1 の波」が，前回の学習指導要領改訂があり，『「教えて考えさせる授業」を創る』が公刊された 2008 年の直後だとすると，「第 2 の波」にあたるのが，「主体的・対話的で深い学び」（アクティブ・ラーニングの視点）が強調された今回の指導要領改訂（2017 年）の後から，ということになります。

　この 10 年あまりの間に，OKJ は文字どおり北海道から沖縄まで，いろいろな地域で導入校が現れました。校種としては，私がうかがう学校で言えば，小学校 6 割，中学校 3 割，高校 1 割くらいになります。教科で言うと，もともとは算数・数学が圧倒的に多かったのですが，他教科にもしだいに広がってきたのが，この 10 年間の大きな特徴です。

OKJ の共通性と多様性

　本章では，いろいろな教科や校種での OKJ の実例を紹介しますが，OKJ である以上，何らかの共通性があります。授業例を見てもらう前に，それらを確認しておきましょう。まず，OKJ は**習得の授業**であるということです。したがって，「このような知識・技能を身につけてほしい」という**習得目標**が教師側にあり，それを達成できるよう計画されます。

　よく「算数・数学ではわかったが，他の教科ではできるのか」「単元によってやりやすさがあるのか」という質問を受けます。私は，「それは，一概に決まったものではなく，教師側が習得目標を明確にして，それを達成するための**手立て**を工夫できるかどうかによる」とお答えしています。

　一般論としては，算数・数学では習得目標も手立ても比較的はっきりさせやすいです。一方で，国語の読解や鑑賞などでやりにくいというのは，正解が必ずあるわけではなく，目標も手立ても明確でない場合が多いからでしょう。しかし，国語を長く研究してそれらをつかんでいる先生は，「国語でも OKJ はできますよ」と言ってくれます。

また，「学力が高いところ（あるいは，低いところ）に向いた授業スタイルなのか」「小学校低学年（逆に，高校）でもできるのか」「クラスの人数が多くても（逆に，少なくても）できるのか」「習熟度別クラス（あるいは，学力的に混在した普通のクラス）でもできるのか」というような質問もよく受けます。

　いずれも，たまたま見た授業例に引きずられた質問のように思われます。たとえば，第1章の平行四辺形の面積の授業を読んだ方は，ほかの条件（教科，学力，環境など）でどれくらいできる授業なのかは，見当がつきにくいかもしれません。

　私は，学力の高さ，学年の違い，クラスの人数，習熟度別かどうか，というような条件は，OKJにほとんど影響しないと思っています。もちろん，それは，「内容的に同じ授業がどこでも通用する」という意味ではありません。目標設定，教え方，課題，時間配分などを変える必要はあっても，OKJという授業設計のしかた自体は変わらないという意味です。

　とはいえ，10年前には，私自身がいろいろな状況でデモ授業をしていたわけではなく，他の先生方の実践もそれほど多岐にわたっていませんでした。それを広げ，現実にしてくれたのは，まさに学校現場の先生方の創意工夫でした。私もそれらを参考にしながら，ＴＴの声がかかると，いっしょに授業をするようになっていきました。

OKJ の実例を紹介した書籍

　OKJ の膨大な指導案はそれぞれの学校の研究会で資料として配布され，学校ごとに研究紀要などに収録されていることも多々あります。ここでは，入手しやすさを考え，書籍として刊行されたものの中から比較的新しいものを紹介します。

①『最新　教えて考えさせる授業　小学校』（市川伸一・植阪友理編著，図書文化，2016）

　小学校授業の事例集は，これが3冊目となり，よりいっそう内容的に高いものになってきているように思います。私（市川）と植阪氏がそれぞ

れ訪問してきた OKJ 推進校での授業実践を紹介しています。算数，理科，国語，社会に重点を置いていますが，実技教科や，外国語（英語），道徳も含めました。学校としてどのように取り組みを進めてきたかという報告も，北海道，東京，大阪，沖縄の４校に依頼して書いてもらっています。

② 『**教えて考えさせる授業　中学校**』（市川伸一編，図書文化，2012）

OKJ は，予習，相互説明，自己評価など，かなり難しいことを求めており，本来は，中学生・高校生に適した授業スタイルであろうと私は思っていました。また，教師が教えるということに対する抵抗感も，小学校ほど高くないと思われます。ところが一方では，教科間の壁が厚く，なかなか学校全体のテーマになりにくいという問題がありました。本書ではそれを乗り越えた中学校の先生方の授業例が，9 教科全体にわたって収められています。

③ 『**教えて考えさせる算数・数学**』（市川伸一著，図書文化，2015）

私（市川）がデモ授業やＴＴを依頼されるのは，圧倒的に算数・数学が多いです。そうしてたまった事例の中から，小学校 14 例，中学校 9 例，高校 3 例を紹介しました。私自身算数・数学は好きな教科でしたし，算数・数学の認知カウンセリングを多く担当してきたので，そこで子どものつまずきや教え方の工夫などを検討してきました。OKJ としては，さらに理解深化課題の設定が大きなテーマになってきたので，それの集大成にもなっています。

④ 『**教えて考えさせる中学校国語科授業づくり**』（刀禰美智枝著, 明治図書, 2018）

山口県美祢市立於福中学校と大嶺中学校で，研究主任および国語科教員として OKJ を牽引してきた刀禰先生の国語科授業事例集です。1 年から 3 年まで，合計 22 本の授業が，コンパクトにまとめられていて，分野も，読解，表現，古典，言語事項と多彩です。単元計画，授業アイデア，授業展開，板書写真，ワークシートなど，授業づくりと実際の様子が具体的に

描かれていて，多くのヒントが得られるでしょう。

指導案を見る前に──「困難度査定」と指導上の工夫

　本章には，これまでの書籍では紹介されていない授業をあえて選びました。私自身が学校の先生とＴＴでやったもの（小学校の算数，国語，道徳，中学校の数学，高校の物理）と，学校の先生が単独で行った授業（小学校の音楽，中学校の社会と英語）です。できるだけ教科が多岐にわたり，しかも OKJ らしいというものを選びました。

　OKJ の授業づくりの方法については，あらためて第３章で詳しく述べますが，本章の授業例を見ていただくときに，あらかじめ知っておいていただきたいのは，**困難度査定**という OKJ 特有の用語です。習得の授業として，ある授業を構想するときには，当然ながら，何を習得目標にするかを考えます。とくに OKJ では，深い理解をめざしていますから，この授業で何をどこまでわかってほしいかを考えることになります。

　「困難度査定」というのは，実際に，その授業をやろうとしたとき，児童生徒にとっていったいどこがどれくらい難しいだろうかと推し測ってみることです。つまずきそうな点だけでなく，逆に，「ここはおそらく簡単にわかってくれるだろう」ということも含まれます。そのうえで，難しそうなところには，時間をとり，手立て（工夫）を考えます。

　これは，どのような授業づくりであれ，当然のようにも思えますが，なかなかそれを明示的に書いてある指導案がなく，中には，「そういうことは考えていませんでした」という若い先生もいるので，形式にはこだわらなくても，「困難度査定と指導上の工夫」ということを，一言でも必ず入れてくださるように最近はお願いしています。

　私が授業研究で困難度査定という言葉をしきりに使うようになったのは，2013 年ごろからだと思いますが，これによって，授業のつくり方がかなり変わってきたようです。また，指導案を見るほうも，その授業の見どころがはっきりし，授業検討会でも議論がしやすくなったという声を聞きます。本章の授業の指導案には，必ずそれが入っていますので，１つのポイントとして見てください。

かけ算九九
～式からいろいろな問題をつくろう～

実践の経緯

　長野県坂城町には１中学校，３小学校があり，町全体でOKJに取り組むということになりました。2019年度，小学校はまだ２年目で手探り状態だったので，それぞれが研究授業をする中で，デモ授業を見ておきたいということになりました。学校の先生のほうで単元を決めてもらったところ，２年担任の中島毅先生という若い先生が，かけ算式から問題をつくるという授業をしたいということでした。

　私自身も，OKJの理解深化課題で問題づくりを課題にすることはよくありました。しかし，どの教科においても，小学校低学年の授業をやったことはなかったので，チャレンジのつもりで引き受けることにしました。低学年の児童への対応もさることながら，「困難度査定」がうまくできるかが心配でした。こちらの説明をわかってくれるかどうか，こちらが思ってもみないことにつまずいてしまうのではないか，ということです。

　かけ算の初期段階での一番の目標は，「１つ分の数×いくつ分＝全体の数」というかけ算の意味をつかむことです。中島先生の原案での工夫として，「問題を解くときには，『問題文→略図をかく→式を立てる』の順である。式から問題をつくるときは，この逆をするとよい」ということがありました。これは，かけ算の構造を理解するのにとてもよいアイデアですし，その手順を生かせば，２年生でもかなり深い理解に到達できそうです。

　本単元では，すでに５の段と２の段を学習しており，このクラスでは，５の段のときに式からの問題づくりも一度経験しています。そこで，本時ではより高い目標をめざしました。第１は，「同じ数式から多様な状況の問題ができることを理解し，それに応じた言語表現（単位が変わるなど）ができること」，第２に，「それは未習のどの段にも一般化できること」，第３に，「略図（絵）をていねいにかく必要はなく，むしろ簡略化したほ

― 本時の展開 ―

【目標】

■ かけ算の式から問題をつくる活動を通して,「1つ分の数×いくつ分」というかけ算の意味をつかむ。

【困難度査定と指導上の工夫】

■ 問題づくりの手順が難しいので,「式→絵→問題」という順序をていねいに伝え,練習させる。

■ 問題を完全に自由にすると,数だけ変えて同じような問題をつくってしまいがちなので,あえて制約をつけて,バリエーションをもたせる。

■ 絵で表された状況を言葉で表すのが難しいだろう。数える単位,「○こずつ」などの表現のしかたは,個別の問題に応じて支援する。

教師 説明 13分	5の段,2の段が,「○この□つ分」になっていること。(復習) 「問題→絵→式」の順で解く。(復習) 　　問題　みかんが2こずつのったさらが3つあります。 　　　　　みかんはぜんぶで何こありますか。 　　絵　　（簡単な絵でよい） 　　式　　　2×3＝6　　　　こたえ　6こ 式から問題をつくるときは,「式→絵→問題」の順にする。 ・「2×4」になる問題をつくる。(いっしょにやってみよう) ・「○こ」は使ったので,それ以外のもので問題をつくろう。 　例：1人2円ずつ,4人が出しました。全部でいくらですか。 今日の「ポイント」をまとめて示す。 　①何の問題にするか決める。 　②式→絵→問題の順に。(絵は簡単でよい) 　③問題には「ぜんぶで〜になりますか」をつける。
理解 確認 10分	「5×3」の式になる問題をつくる。(○こ,○円以外にする) ・ワークシートの枠に沿って,「式」「問題にあった場面を絵に表す」「問題文を書く」の順番にする。 ・何の問題にするか思いつかなければ,教科書のこれまでの問題例を見てもよい。 ・ペアで,どのようにして問題をつくったのかを説明しあう。 ・問題文にするところが難しければ,相談してよい。(教師も支援)
理解 深化 17分	式を自分で決めて,その式になる問題をつくる。 ・2の段,5の段以外の式にする。(3,4,6,7,8,9の段,どれでもよい) ・今日は,答えは出さないでよい。(答えを出す九九は今後習う) ・ペアで,どのように問題をつくったのかを説明しあう。 ・問題文にするところが難しければ,相談してよい。 ・実物投影機で児童がつくった例を紹介し,つくり方を共有する。
自己 評価 5分	振り返りの記述をし,数人が発表する。 ・「きょうの勉強で,大切だとおもったこと」を一言書く。

うが問題解決のツールとして便利なことを知ること」というかなり欲張った目標です。

授業の実際

　低学年の子どもたちは，にぎやかなことが多いものです。表情も豊かで，思ったことをそれぞれが口に出してくれるので，反応がいいという意味ではやりやすいのですが，時々話の筋からはずれたことも言うので，発言をどう取り上げながら進めるか，というのは私にとっても悩みどころでした。

教師の説明

　中島先生のつくった枠組みを使い，まず復習にあたる問題を解き，次に，もし逆に式から問題をつくるとすれば，「式→絵→問題」の順にすることを説明していきました。「2×4」の問題づくりをするとき，

図 2-1　教師の説明の場面

とっさに，「みかんが2個ずつのったさらが，4つあります」と言う子がやはりいましたので，「いや，何個というのはもうやめよう。先生の大好きなお金にするよ」ともっていきました（図2-1）。

　ここは，子どもたちとやりとりしながら，ワークシートにも記入させ，大事なポイントをまとめました。ポイントとして，「絵は簡単でいい。自分でわかればいいんだよ」という話をしたとき，「算数は図工じゃないんだよね」といういい発言も出ました。

理解確認

　「5×3から，○個，○円以外の問題をつくろう」ということで，まず個人で3分間考えてもらいました。全体的にまだできていないようなので，児童がつくった「5本ずつ花がはいった花束が3つ」「5本ずつの鉛筆を3人がもっている」などの例を紹介し，さらに2分間取り組みました。その後，ペアで，どのようにつくったかを説明し合いました。

ここで挙手してもらうと，絵が描けたという子が９割くらい，問題文まで書けたという子が７割くらいでした。２人の児童とやりとりして，「ぼうを５本ずつ３人」「折り紙を５枚ずつ３人」という例を紹介し，３つの「ポイント」を押さえてから次に進みました。

理解深化

　自分で式をつくってから問題にする課題で，「２の段，５の段はだめ」と言うと，いっせいに「え～」と言われましたが，「答えを出さないでもいいよ。３の段とか，８の段とか，式はできるでしょ」と言うと，式は各自すぐ決まりました。あとは，理解確認課題と同様に取り組んでいました。

　２名の児童の解答を実物投影機で紹介しました。どう考えて，どういう問題にしたのかを全体に説明してもらいました。１人は「タケノコ６本ずつ３箱」，もう１人は「ジュース９本ずつ９人」という問題にしましたが，どちらも，絵を簡単に描いたことを私からおおいにほめました。

自己評価

　大切だと思ったことを書いて，発表してもらったところ，「『全部で』を必ずつける」「『あります』だけじゃ問題にならない」「絵は本物みたいに描かなくてもいい」など，本時のポイントを押さえた意見が，それぞれの言葉で出てきました。

授業を終えて

　ワークシートを集めてみると，理解深化課題の絵と問題文がほぼできている児童が６割くらいでした。絵が描けていても問題文にするところでつまずいている児童が３割くらい，絵そのものが「○個ずつのかたまりが□つ」という形になっていない児童が１割くらいいました。

　通常の問題なら，問題文中の２つの数をかければ立式して答えが出ます。しかし，かけ算の意味がよくわかっていないと，状況を表す絵は描けません，さらに，国語ではあまり出てこず，算数に特有な言語表現である，「１箱あたり」「１人につき」などを使えることも生活上は必要です。そうした意味で，問題づくりに取り組む学習は有意義だと思いますし，個々の児童の理解度を推し測る課題にもなりうると思ったしだいです。

「大造じいさんとガン」
～物語を「自分ごと」として読む～

実践の経緯

　国語の OKJ，とりわけ物語文読解はやりにくいと言われてきましたが，最近は実践例が増えてきています。前述したとおり，習得の授業である OKJ は，習得目標が明確なほどやりやすいので，目標がはっきりしない物語文読解というのは，どうもやりにくいのでしょう。しかし，それを明確にすれば，OKJ にのってくるはずです。

　椋鳩十作（1941 年初出）の「大造じいさんとガン」（あらすじ参照）は，小学校国語の定番教材として多くの教科書に掲載されています。私自身，この作品を扱った研究授業を数回見たことがあり，非常に感動的な作品であるだけに，自分ならどういう OKJ にするかを考えていました。また，ネット検索すると，いろいろな授業例がアップされていることもわかります。

　通常，物語文読解の授業の中心となっているのは，登場人物の心情理解ではないかと思います。小学校低学年のころから，「誰々は，そのときど

「大造じいさんとガン」のあらすじ

　猟師の大造じいさんは，最近ガンがとれないと嘆いていた。原因は，「残雪」がガンの頭領になったからだ。いろいろな罠をしかけても，ことごとく見破ってしまうほど賢い残雪を大造はいまいましく思っていた。そこで，つかまえた1匹のガンを訓練しておとりに使う作戦を立てた。その実行寸前，ハヤブサが襲ってきてガンの群れがいっせいに飛び立つ。しかし，長い間飼われていたので，逃げ遅れてしまったおとりのガン。それを助けようと，残雪は宙でハヤブサと戦う。地におちて動けなくなった残雪。大造は銃口を向けるが，死を前にしても堂々とした残雪をとても撃てない。一冬の間介抱して，春に飛び立つ残雪に大造は叫ぶ。「また，次に会ったときには，正々堂々と戦おうじゃないか」。

― 本時の展開 ―

【目標】
- 作品を味わうだけでなく，自分に生かすという読み方があることを体験的に知る。
- 簡単なメモをもとにして，簡単なスピーチとして口頭表現ができる。

【困難度査定と指導上の工夫】
- 作品や作者のよさを「自分ごと」として考えられない児童もいると予想されるので，観点を与えるとともに，グループ内交流の中で互いの意見を参考にする機会をもうける。
- ガンの残雪にたとえて，すぐれたリーダーのあり方を示そうとした作者の工夫に気づくのは難しいだろう。児童から出なければ教師から伝える。

予習	・この作者のすばらしいところ（あっぱれ）を考えながら，本文を読んでくる。
教師 説明 10分	復習：登場人物の「あっぱれ」を振り返る。 ・「第1のあっぱれ：残雪」「第2のあっぱれ：大造じいさん」について，どのような点がどの場面に現れているかを出しあい，教師が黒板にまとめていく。 「第3のあっぱれ：作者のすばらしさ」についてまとめる。 ・児童から出た意見をまとめるだけでなく，ガンを比喩としてリーダーの人格的なすばらしさを描いたことが，大きな効果になっていることをとらえさせる。
理解 確認 10分	「作者のあっぱれ」を自分なりにまとめてスピーチする。 ・ワークシートにメモ書きし，グループ内でスピーチの練習をする。 ・何人かに発表してもらい，全体で共有する。
理解 深化 20分	読者である自分が「第4のあっぱれ」になるには…。 ・「大造じいさんとガン」の第1〜3のあっぱれから選び，「自分ごと」として考えさせる。 ・具体的には，ワークシートに，次の3つの視点からメモ書きする。正解があるわけではないが，自分にとっての作品の意味を考えるよう促す。 　①だれのどういうところがすばらしいと思ったか 　②それは，これまでの自分と比べてどうか 　③これからの自分にどう生かしたいか ・グループ内でスピーチの練習をし，友達の考えを聞きあう。 ・数人に全体で発表してもらう。
自己 評価 5分	振り返りをする。 ・本時でわかったことや感想をまとめる。 ・何人かに発表してもらう。

第2章

OKJの実例から

んな気持ちだったか」「誰々はなぜそういう行動をとったのか」を描写から考えていきます。さらに学年が進むと，作者がこの作品を通じて伝えたかったテーマについて考えたり，この作品の構成や表現のよさを味わったりすることなども学習するようになります。

　ただ，私たちが大人になって小説を読んだり，映画を見たりして深く感動したときには，登場人物の生き方を追体験したうえで，人間や社会について考え直してみるような読み方をするのではないでしょうか。「よかった」「おもしろかった」だけで終わるのではなく，その作品が自分の生き方，考え方に影響があったというような経験をするはずです。そういう読み方があるということを知ることを1つの「習得目標」にできないでしょうか。

　そうした折，2017年の秋，約10年間OKJに取り組んできた青森県八戸市立長者小学校から，研究授業で「大造じいさんとガン」の単元終盤のあたりをやりたいという話がたまたまありました。そこで，「登場人物や作者のすばらしさを『あっぱれ』としてとらえ，それを『自分ごと』として考える」という授業をしようということで，担任の大嶋照美先生と意気投合し，メールで数回やりとりしながら指導案をつくりました。

授業の実際

　本校は，もともと授業規律が非常にしっかりしている学校です。むしろ，OKJを取り入れるようになってから，授業の雰囲気がやや柔らかくなって，子ども同士の話し合いや発表が自然に起こるようになったという印象を私はもっていました。この学年は，1年生のときからOKJにかなりなじんでいるので，教師の説明を聞く場面と，協働学習場面とのメリハリがはっきりしています。授業当日は，大嶋先生が理解確認まで，私（市川）が理解深化以降を主として担当しました。

教師の説明

　前時までに，「あっぱれ」という表現を使って，残雪と大造じいさんのすばらしい点については学んでいるので，子どもが挙手して次々に発言しました。ここは復習的なまとめなので，授業者は書かれた短冊を貼っていき，補足事項だけを板書します。次の「作者のあっぱれ」は予習をもとに

本時で扱いました。児童からは，情景描写や心情描写のすばらしさが出てきました。すばらしいリーダーの比喩として残雪を描いていることは，授業者から伝えました。

理解確認

メモをもとに，聞き手に話しかけるようなスピーチをすることは，難しいかもしれないと思ったのですが，少人数のグループでの話しあいに慣れていることもあり，活発に行われていました。

理解深化

ここも，理解確認と同様の活動ですが，取り上げる「あっぱれ」を自分で選んで考えることが要求されます。グループ練習のあと，5人に全体発表をしてもらいました。内容については，作品のテーマからややはずれてしまうものもありましたが，すばらしさをこれからの自分に取り入れたいという点では方向は共有されていたようです。

「正解があるわけではないけれど」と言って，私自身がどう考えたかも，最後に紹介しました。残雪のことを「たかがガン」とか「いまいましい」と思っていたのに，そのすばらしさを認めたのが大造じいさんの「あっぱれ」だということです。

自己評価

時間もスムーズに進行したので，4人に発表してもらいました。中に，「物語を読んで自分に生かすという読み方をしたのははじめて。他の本を読むときにもそういうふうに読んでみたい」という発表があり，授業者の意図が伝わった手ごたえを感じました。

授業を終えて

正解がなくても，習得目標があれば，OKJになるということを，物語文読解の単元で具体的につくることができたのは，私にとってもいい経験になりました。学習評価としては，スピーチだけでなく，このあと作文にして提出することを求めているので，その記述も使うことができます。後日送られてきた子どもたちの作文を見て，意欲や考察の高まりを感じることができました。

二部合唱「いつでもあの海は」
～歌声が重なる響きを感じながら～

実践の経緯

　この授業は2018年の夏，長野県須坂市立仁礼小学校の田中晴菜先生によって行われたものです。当時，仁礼小は，OKJに取り組んで3年目ほどの学校で，若手教員の田中先生も，OKJをよく知っているわけではありませんでした。しかし，私もつねづね言ってきましたが，実技教科の基礎基本の習得というのは，OKJの原型とも言えるくらい，もともと相性がいいものです。

　とりわけ体育や音楽では，基本的なポイントやコツを教示したうえで，学習者はそれを念頭に置いて練習するという指導法が一般的です。音楽であれば，歌い方や楽器演奏のコツ，表現のポイント，楽典に関する知識などを教師から教えるはずです。ただし，教わっただけではなかなかできないのが，実技教科の特徴でもあります。OKJでは，頭でわかっている状態から，試行錯誤して体の動きとして体得する過程を実技教科での「理解深化」としています。そこでは，子ども同士の相互アドバイスなども入ってきます。

いつでもあの海は

佐田和夫 作詞　長谷部匡俊 作曲

1　いつでもあのうみは　ぼくのともだち
　　おおきなゆめをもてと　みらいへまねく
　　なみがはげしく　くだけるように
　　おおぞらに　うみのうた　とおくひびくよ
2　いつでもあのうみは　ぼくのこころに
　　どんなときも　あいとゆうきをくれる
　　なみがやさしく　ささやくように
　　くりかえすうみのうた　かぜもひかるよ

JASRAC 出 2005888-001

― 本時の展開 ―

【目標】
- だんだん波が盛り上がっていくように強弱を意識して歌う。
- 2つのパートの旋律の重なりの美しさを感じながら歌う。

【困難度査定と指導上の工夫】
- 楽譜上の強弱記号やブレス（息つぎ）記号から，実際にどのように歌ったらいいのか とらえることは難しいだろう。楽譜に印をつけさせ，教師の示範演奏を聴いたり，実 際に歌ったりして感覚をつかませたい。

準備 5分	・息の体操として，手遊び歌「おちゃらか」をリズムよく歌う。 ・今月の歌「世界中の子どもたちが」をきれいに元気よく歌う。 ・練習中の「いつでもあの海は」を一度歌ってみる。
教師 説明 10分	**波がだんだん大きくなるイメージをもって，歌う表現を工夫する。** ・楽譜の拡大コピーに書き込みながら，強弱記号に注目させる。曲想を生かした 歌い方とそうでない歌い方を教師が演示して，比べさせる。 **ブレス記号も書き込み，「いっしょにブレス」を意識させる。** ・フレーズ前や休符でのブレスで気持ちをそろえてブレスするように。1つのフレ ーズを歌う分の息をたっぷり吸うように。
理解 確認 5分	**強弱とブレスに気をつけながら歌ってみる。** ・強弱に注意するときは，空中に手で円を描き，「山場」として大きく歌うとこ ろと，小さく歌うところを，表現しながら歌ってみる。 ・「いっしょにブレス」に注意するときは，おなかに手をあて，一番深いところ へ息を入れるイメージをもって吸う。
理解 深化 20分	**グループ練習** ・同じパートを，さらに4〜5人の小グループに分けて練習する。 ・表現の工夫ポイントである「山場」とブレスを意識しながら練習する。1人が 聴き役になって，どうだったかをメンバーに伝える。 ・「強弱をつけて歌うと，波の様子が伝わるな」 **全体練習** ・パートごとに歌ってみて，互いのパートを聴きあう。強弱のフレーズの流れを 意識して歌う。 ・2つのパートをあわせて歌う。みんなの声がそろって響きあうことを感じ取る。 ・曲の山では大きな波になるイメージ，最後の *mp*（メゾピアノ）では波がひい ていくイメージで歌おう。
自己 評価 5分	**最後に1番を通しで全員で歌い，振り返りをする。** ・歌い方を工夫してみてどう感じたかを学習カードに記入する。 ・ペアおよび全体で共有する時間をとる。

第2章

OKJの実例から

047

田中先生は，音楽の授業を OKJ としてするということで，目標をはっきりさせ，教える場面では，演示も入れてていねいに説明することを意識したと言っていました。「いつでもあの海は」の３時間目で後半部に重点をおき，「曲想を考えて歌い方を工夫する」「旋律の重なりの美しさを感じながら楽しんで歌う」ということをめざした授業でした。「本時の展開」は，田中先生が当日の資料として配布されたものを私が要約してまとめ直したものです。

授業の実際

　ウォーミングアップで「世界中の子どもたちが」を歌い出したとき，私（市川）は目が覚める思いをしました。教室中に大きく，しかもきれいな声が響き渡り，子どもたちの姿勢や表情から，いかに楽しく歌っているかが伝わってきたからです。歌の好きな子どもだけが集まっている合唱部なら，そのような姿がよくあるものですが，普通の授業で見られることはそう多くありません。

　いったい，どのような指導をしているのか，子どもたちの練習活動はどうやっているのか，とても興味をもって，その後の授業を見ていました。

教師の説明

　ホワイトボードに楽譜の拡大コピーを貼ってそこに書き込みをしながら，その横には小さな電子ピアノを用意して演示も入れる，という教え方はとてもテンポがよくわかりやすいものでした。子どもたちは，見て，聴

図 2-2　教師の説明の場面

いて，自分でも歌ってみるというやりとりを通じて，曲想にあった強弱ということがよくわかったようです。

グループ練習

　小グループの中には,まとめ役となるようなリーダーのような子がいて,それぞれが非常に密な練習をしている様子が見て取れました。4〜5人のグループだと，お互いの声が聴けるので，恥ずかしがる子も出てきそうですが，むしろそれぞれがしっかり声を出しあうという練習になっていました。

図2-3　グループ練習の様子

全体練習

　お互いのパートを興味をもって聴きあい，積極的に意見・感想が述べられていました。何よりも，パートをあわせたときに，ウォーミングアップのときよりも，ずっとよくなっているのに，子どもたち自身も満足している様子でした。

授業を終えて

　小学校の普通のクラスでも，歌い方を教わって意識して練習すれば，子どもたちが自分の可能性を拡げて意欲的になるということを，私も見ていて実感できました。単に自由に活動していれば楽しいわけではなく，充実感や達成感を伴った楽しさを味わうというのは，すべての実技や表現に共通する目標のはずです。その基礎にあたる部分の指導にOKJの考え方が生かされたということは，私にとってもうれしいことでした。

「見えた答案」
〜誠実に行動するのはなぜ難しいか〜

実践の経緯

　鳥取県伯耆町立岸本小学校は，岸本中学校区として１中学校２小学校でOKJに取り組んでいるうちの一校です。2018年度は道徳教育の研究校にもなったので，研究授業ではOKJの道徳版をやりたかったのですが，校内ではどうも難しいということになって，一度はあきらめたそうです。

　OKJというのは習得の授業ですから，道徳となると何らかの価値項目を教え込むようなイメージがあります。しかし，一方では，今後の道徳教育のあり方として，「考え，議論する道徳」「多面的，多角的に考える道徳」が文部科学省から打ち出されています。何よりも，小学校高学年や中学生になると，当たり前のような道徳的価値を押しつけられるだけの授業では，児童生徒も意義を感じなくなります。

　そこで，５年担任で研究主任でもある乗本千都先生といっしょに，新たな趣旨に沿った道徳の授業をOKJでやってみることになりました。教材文としては，「見えた答案」（東京書籍）を使うことになっていました。これは，ついカンニングをしてしまった主人公（花子）が，葛藤し，「二度とこういうことはしてはいけない」と反省する物語で，テーマとしては，「誠実に行動すること」となっています。

　しかし，これをそのままやったのでは，従来の道徳とあまり変わらず，深い認識や活発な議論にもならないのではないかと思いました。そこで，「悪いと感じていても，それを認めて誠実な行動をとることができないことがあるのはなぜか」を，人間の心理面からさらに深く考えてもらうことにしました。

　人間は，葛藤や欲求不満があるとき，それを解消して心の安定を得るために，合理化（正当化するような理由を無意識的につくり出してしまうこと）をする傾向があります。合理化は，イソップ物語の「すっぱいブドウ」

― 本時の展開 ―

【目標】

■ 誠実に行動するのは大切だがなかなかそれができない，という人間性の一側面を知り，それをどう乗り越えていくか，多様な考えを出しあう。

【困難度査定と指導上の工夫】

■ 花子の葛藤を想像しにくい児童がいるかもしれないので，クラスの多くの発言から両面を出しあい，青とピンクの割合で気持ちを表す「ハート図」で可視化する。

■ 悪いことに対する言い訳を思いつかないとか，言いにくいという児童もいる可能性があるので，グループの中で気楽に出しあう。

■ すでにやってしまったことなので，今後どうするかがあまり出てこないかもしれないので，たとえば，教師から「謝る」という選択肢を出して，だれに謝るのかを議論する。

教師説明 15分	「誠実」の意味を教える。：だれも見ていなくてもずるやごまかしをせず，自分が正しいと思ったことをすること。 資料を読んで，主人公（花子）の心情を出しあう。 ・うれしい気持ち（ピンク）と喜べない気持ち（青）を発言させ，教師が黒板のハート図に整理していく。 「葛藤」の意味を教える。：2つの相反する気持ちが争って，迷ってしまう心の状態。
理解確認 7分	各自が自分なりにハート図にまとめ，理由をメモで書き込む。 ・ピンクと青の割合は，クラス全体ではどのようになっているか。 ・2つの気持ちが葛藤している状態であることを確認する。
理解深化 18分	心の中の「言い訳サポーター」がうれしい気持ちの方を応援する。 ・今回の花子にどのような言い訳がありうるかを，グループで出しあい，発表する。 言い訳サポーターを撃退するにはどうすればよいか。 ・教師からの補足説明：言い訳サポーターは，正体を見破られると弱い。（言い訳にすぎないことを自覚すること） ・I（言い訳サポーター役）とH（花子役）が寸劇として演じる。 　　I：「君は別に悪くないのだ。だって，（――言い訳を挙げる――）。同じような場面なら，誰だってすることだよ」 　　H：「なるほど。悪くなかったのかも。う～ん。待てよ。やっぱりおかしい。お前は，言い訳サポーターだろ！」 　　I：「ばれては，しかたない。さらばじゃ」 言い訳サポーターを撃退して葛藤状態に戻ったら，どうするか。 ・後ろめたい気持ちをずっとひきずる。いつも暗い気持ちになる。 ・もうやってしまったことをどうするかをグループ討論，発表。 ・正解があるわけではない。他者の意見も聞いたうえで，自分の考えを深めることを促す。
自己評価 5分	今日の学習のまとめをし，数人が発表する。 ・これまでの自分を振り返り，今日の学習で深まった点を書く。

の逸話（高い木にあるブドウが取れなかったキツネが，悔し紛れに「あのブドウはどうせすっぱいのさ」と言ったという）に代表されますが，悪いことをして良心の呵責をもっているときにも使われる心のメカニズムです。

　かなり重く，暗い話になりがちなところですが，小学5年生ですので，むしろ明るい雰囲気の中でこの概念を取り上げ，具体的に，花子のカンニングの例で，どのような合理化が起こりうるかを，子どもたちに案として出してもらいます。さらに，「それを克服して誠実な行動をとるにはどうするとよいのか」という考えを出しあうところまでもっていく授業展開にしました。

「見えた答案」のあらすじ

　花子はきのう，熱を出したお母さんの看病をしたり，食事をつくったりしていてテスト勉強ができなかった。算数は得意だったので，大丈夫だろうと思っていたが，配られたテストの中にどうしても解けない問題があった。「ほかの人はできているのかな」と思って顔を上げたとき，よし子が見直している答案を思わず見てしまった。わかった花子は答えを書いて出したところ，テストは満点になって戻ってきた。それを見ているうちに，花子はみじめな気持ちになってきた。だれも知らないことではあるが，「こんなことは，もう二度としない」と自分に言い聞かせた。

授業の実際

　算数などでOKJの授業スタイルに慣れていることもあって，最初から4人グループの配置で座り，グループ討論とクラス全体の話しあいが活発に進みました。

教師の説明

　乗本先生がリードしながら，花子の気持ちの両面を引き出し，黒板にまとめていきました。発言は次々に出てきました。

理解確認

　ほぼ全員の子が，圧倒的に青（理由は，自分の力ではない，悪いことを

したなど）の割合が高く，少しだけピンク（理由は，満点で安心した，お母さんも喜ぶ）があるようなハート図を書いてきました。数人は，ピンクがまったくないというハート図でした。

理解深化

　私（市川）のほうから，「ピンクの気持ちは弱いようだけど，強力なサポーターがつくんだよ」という話をし，どんな言い訳が考えられるかをグループ内で出しあってもらいました。ここは，非常に盛り上がり，「昨日はいいことをしていたんだから，これは神様のごほうびだ」「わざとではなく，見えてしまったのだからしかたない」「見えるようにしていたよし子のせいだ」「そういう机の置き方をした先生が悪い」など，とめどもなく出てきました。

　「みんな，言い訳の天才だね。そうやって心の中に出てくるのが，言い訳サポーターだよ。でもそれを撃退しないと，誠実にはなれないね」ということで，乗本先生と寸劇を演じました。さらに，撃退したあと，どうすれば明るい気持ちに戻れるのかを出しあってもらいました。こちらは，いろいろ考えながら少しずつ出てくる感じの議論となりましたが，「謝る」というのは教師側から出さなくても児童から出てきたので，だれに謝るか（お母さん，よし子，先生など）を引き続いて議論していきました。

自己評価

　つい言い訳を考えてしまって誠実に行動できないことがある，というのは思い当たることがたくさんあるようで，そうした気づきがよく書かれていました。

授業を終えて

　思春期ともなると，自分の心の内面を見つめることにも関心をもってきます。そのときに，心理学的な考え方をかみ砕いて伝えながら，児童生徒に自分の行為や生き方を考えさせる道徳の授業というのがあってもいいのではないかと考えて行った授業でした。

　よくないこととわかっていてもなくならないこととして，いじめ，差別，戦争などがあります。今回は，あまり深刻になりすぎずに，言い訳をしてしまう心のしくみに触れることができたのではないかと思っています。

藤原氏の摂関政治
～ストーリーテリングで促す理解深化～

実践の経緯

　社会科の OKJ の実践は，この 10 年間でしだいに増えてきました。社会科の難しさは，国語と同様に，何を習得目標とするかを明確にしにくいところにあると最初は思われていました。とくに，歴史では，ややもすると，テストに出るような用語，人名，事件，年号などの事実的知識を覚える学習になりがちで，「歴史は暗記物。ひたすら覚えるしかない」と言う生徒があとを絶ちません。それは先生にとっても不本意な目標のはずです。

　OKJ が重視している深い理解，つまり，知識の関連づけを重視した学習ということに共感する先生は，それをずばりと習得目標におきます。なぜ歴史がそのように動いたのかという，原因・理由，その後の影響などを，生徒が説明できるような授業をつくります。埼玉県立伊奈学園中学校の古谷和賢先生の授業は，まさにそうした授業で，最初に資料をもとに教師から歴史の流れのポイントをしっかりと教えます。その先，理解確認と理解深化では，独自の協働学習を入れて，知識を踏まえた表現活動が展開されます。

　指導案は，2018 年 8 月の「教えて考えさせる授業セミナー」でビデオをまじえて発表してくださった古谷先生の資料を再構成したものです。私（市川）は授業日に直接見学していませんが，セミナー後に授業ビデオをお借りして，短縮版を編集した立場から，以下に様子を紹介します。

授業の実際

　中1の「平安京と摂関政治」という単元です。本時の導入部分で，藤原道長の肖像画を見せて，「この世をばわが世とぞ思う望月の欠けたることもなしと思えば」という歌に触れ，満足の極みに達するほどの栄華を極めたことを古谷先生から紹介します。なぜ，そのような勢力を得たのかを見

― 本時の展開 ―

【目標】

■ 藤原氏が政治の実権を握った過程と，摂関政治が衰退した理由について説明できる。

【困難度査定と指導上の工夫】

■ 系図の見方がわからない生徒がいるかもしれないので，簡単なモデルを使って説明しておく。

予習	・「3分予習」として教科書の該当ページを読み，わからない語や内容に線を引いてくる。
教師説明 15分	年表や系図等の資料を生徒にも配布して，藤原氏が政治の実権を握った理由を教師から説明し，黒板にまとめていく。 ・他の貴族を排斥し，官位を独占したこと。 ・自分の娘を天皇の后（きさき）にして，生まれた子を天皇の位につけ，天皇との血縁関係を強めたこと。（摂関政治） ・藤原氏にとって有利な税制にしたため，全国から藤原氏に寄進される荘園が増えて，莫大な財産を得ていたこと。
理解確認 10分	藤原氏が実権を握った理由を，生徒同士が説明する。 ・全員が向かいあって，相手の生徒に説明する。時間をおいて相手をずらしてまた説明する。 ・途中で，3つのキーポイント「他の貴族の排斥」「天皇との血縁関係」「天皇家をしのぐ財政基盤」が入っているか，教師から注意を促し，再び説明させる。
理解深化 20分	課題1：4人のグループで，「藤原氏と天皇家の関係を示す系図」（図2-4参照）を見ながら，藤原氏の権力が衰退した理由を考える。 ・藤原頼道にやっと生まれた娘は天皇に嫁ぐが男子ができず，その間に，藤原氏と血縁関係の薄い後三条天皇が即位する。（摂関政治のリスクについて気づかせたい） ・後三条天皇は，藤原氏の力を弱める政策を立て，天皇を中心とした体制をつくろうとする。 課題2：藤原頼道，または後三条天皇になったつもりでストーリーテリングをする。 ・そのときの事情やどのような思いがあったかを，人物になりきり，感情をまじえて語る。 ・各自でシナリオをつくってグループ内で練習し，発表する。
自己評価 5分	本時の学習内容を振り返る。 ・本時の学習を通してわかったことに，理由を加えて記述する。 ・自分の考えの変化について記述する。 （実際には，今回の授業内には，自己評価の時間がとれなかった）

ていこうと問題提起します。

　資料１として「薬子（くすこ）の変」（810年）から「安和（あんな）の変」（969年）までの略年表を配り，藤原氏が政敵を滅ぼしたり左遷したりして官位を独占していく過程を具体的に説明します。資料２は，摂政・関白を含む上級貴族の中に藤原氏一族が占める割合がどのように変化していったのかという資料です。教科書には，蝦夷（東北地方）に進出する地図や，藤原氏が娘を天皇に嫁がせる系図が資料として示されています。先生は，ときどき生徒に問いかけますが，生徒は予習をしているので，よく声が出ます。先生は，テンポよく黒板に要点をまとめていきます。

　教師の説明のあと，生徒たちはすぐに立ち上がって，向かいあう相手に説明を始めます。身振り手振りもまじえて，どの子も懸命に説明しようとしている姿は，日本の中学校の授業ではなかなか見られない光景です。教室の中は声があふれるようなにぎやかさになります。途中で先生が説明上の注意点を入れたあと，一人分ずれて，また新しい相手に説明します。古谷先生はこれを「回転寿司方式」と呼んでいます。

　机の配置を変えて４人グループにし，「こんなにも栄華を誇った藤原氏の摂関政治は，なぜ衰退してしまったのだろうか？」を考えるよう促します。ワークシートには資料３（図2-4）として，藤原道長以降の系図があります。ここでも活発なグループ討論が見られますが，なかなかわからないグループもあるので，「頼道のあとどうなったか，後三条天皇のおじいさんはだれか」というよう

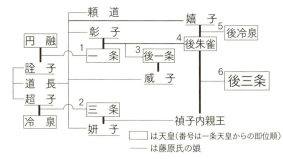

図2-4　藤原氏と天皇家の関係を示す系図

図 2-5　理解確認で説明しあう場面

なヒントを与え，血縁関係が薄くなってしまったことや，後三条天皇が藤原氏の勢力を弱める政策をとったことをまとめます。

　さらに，「ストーリーテリング」のシナリオを各自つくって，グループ内で練習したあと，発表がありました。4〜5分の短い時間で10数行のかなり長い文章を書ける生徒が多いのは感心しました。最初の2人は，それをうまく読んでくれましたが，次に「やりたい」と手を挙げる生徒が出てきました。まわりがなぜ大笑いしているのか，と思うと，シナリオがほとんど書けていなかったからです。自ら，「いいんだよ。ちゃんと話せれば」ということで，途中つかえる場面もありましたが，拍手喝采のうちに話し終わりました。

自己評価

　このような事情で長引いて，ちょうどチャイムが鳴ってしまい，予定していた自己評価の時間はとれませんでした。「まだ書き終えていない人は，家でまとめておきましょう」ということで，ひとまず授業は終了しました。

授業を終えて

　とにかく，生徒がよく声を出すのに驚きました。先生が明るく，話しやすい雰囲気をつくっていることももちろんありますが，それだけではなく，「よくわかったので，それを表現したい」という気にさせることが，課題への集中力を引き出すポイントであることが感じられる授業でした。

旅行の計画を立てよう
～英語のプレゼンで伝える～

実践の経緯

　山口県美祢市立於福中学校は，単学級で各教科の先生が1名ずつしかいない小規模な中学校ですが，早くからOKJを熱心に取り入れていました。授業者の原田美絵先生は，OKJ導入後数年経ったときに赴任した若い先生です。他のベテランの先生方も驚くほど，楽しく盛り上がるもともとの授業の雰囲気と，OKJの流れとがマッチしていました。私自身も何回か授業を拝見し，文脈や活動をうまく設定しながら，表現や文法の指導もしっかり押さえるすばらしい授業になっていると感じていました。

　以下は，原田先生自身が『指導と評価』（日本図書文化協会）2017年7月号に書かれた実践事例報告を，私（市川）が要約したものです。

　この単元のねらいは，自分が行ってみたい場所の情報を集め，習った表現を使ってスピーチ文を書き発表することでした。生徒には既習表現をどう使うのかを考えさせ，また海外への好奇心を喚起することで，必要感をもって基礎基本を学習する機会にさせたいと思いました。

　本校は，台湾の学校と姉妹校になっていて，毎年交流活動を行っていますので，台湾の観光パンフレットやガイドブック，台湾の生徒からもらったお土産などを資料として活用できます。本時の学習が，来年の交流で共通の話題として役立つという経験になるといいと考えました。

授業の実際

　生徒たち（中学2年生）は，前時に探究的な学習として，台湾についての調べ学習をグループで行っていたので，本時の理解深化課題への意欲は高まっていました。ALTに伝えるためには，英語表現が必要になると感

【目標】
■ 未来形を使って 10 文程度の旅行計画のスピーチ文をつくり，絵や写真も入れたプレゼンができる。

【困難度査定と指導上の工夫】
■ 未来表現 will と be going to の使い分けが難しいと思われるので，例文を通してニュアンスの違いを教えておく。
■ したいことの理由を表す「プラス 1 文」が思い浮かびにくいと思われるので，前時に台湾について調べ学習をしておく。
■ 日本語をそのまま訳そうとすると難しいので，自分の知っている表現で意味を伝えられるように言い換えをする。

予習	・ALT がつくった英語の旅行計画文を読んで，どんな内容が含まれているかを読み取っておく。
教師説明10 分	ALT のスピーチを聞いてゴールイメージをもたせる。 ・情報として，時期と旅行先，してみたいこと，買いたい物，食べたい物，結びの文があることを押さえる。 文法と発音について指導する。 ・未来表現 will は「〜したい」という希望を表し，be going to は，すでに計画されたことを表すというニュアンスを，例文を使いながら教える。 ・ALT から，th と v の発音，英文のアクセント，イントネーションについて注意を促し練習させる。
理解確認10 分	ロンドン，インド，パリへの旅行を例にペアで練習をする。 ・5 つの項目が書いてあるカード（図 2-6）を引いて，それを英語で言う。例文は教科書に出ているので，相手はヒントを出したり，答えを確認したりする。未来表現の使い分けに注意する。
理解深化25 分	グループで台湾への旅行を企画し，ALT に 10 文でプレゼンする。 ・魅力的なプレゼンにするために，プラス一言，発音，絵や写真がポイントであることを伝える。 ・スピーチ文をつくり，グループ内で分担して練習する。 ・発表のあと，最も行きたいと思うプレゼンをしたグループを ALT に選んでもらい，どういう点がよかったかなどをアドバイスする。
自己評価5 分	振り返りの記述をし，数人が発表する。 ・わかったことや，まだよくわからないことなど。

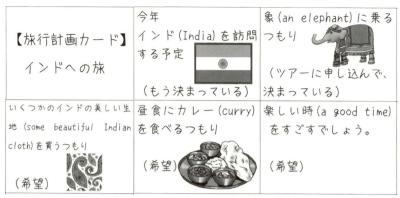

図 2-6　旅行計画カード（インド）

じてくれたように思います。

教師の説明

　２つの未来表現の使い分けについて，例を挙げて生徒との対話の中で確認しながら説明していきました。発音では，th の音を出すことに苦戦していました。基本単語である the, this, there などをくり返し練習することの必要性を感じました。

理解確認

　相互チェックがうまくいくペアと，いかないペアがありました。前者は，教科書を見ながら間違いを指摘しあい，ヒントを出すのも上手でした。後者は，自信がないために声が小さく，間違えていても聞き過ごしたり，ヒントの出し方がわからずお互い無言の状態が続いたりしました。カードの裏に，答え方を穴埋め形式にした簡単なヒントをつけておけばよかったと反省しました。

　また，気遣いからか，友だちに間違いを指摘しにくいのでしょうが，指摘のしかたを考えれば，必ずお互いの向上になることを，普段からもっと伝え，上手に指摘する見本を見せるなどの必要性を感じました。

理解深化

　前時の調べ学習であらかじめ旅行プランの目星はつけていたので，内容はスムーズに決まりました。しかし，その内容を英語にするには時間がかかりました。プラス１文を英訳するところが難しかったようです。たとえ

ば「お土産にパイナップルティーを買います。パイナップルティーを飲み
たいからです」と言いたいとき，「飲みたい」という言い方を知らないな
ら，「私はパイナップルが好きだからです」と言い換えればよい。会話では，
そういう言い換えが重要になることをあらためて感じました。

　プレゼンのときは，読むのに精一杯になってしまって，発音に気を配れ
る生徒は少なかったようです。ALTが選んだグループは，実際，発音も
一番意識していました。生徒たちは，発音も大事であることを感じたと思
います。

■自己評価

　「なぜ食べたいか，なぜ行きたいかを考えてスピーチ文が書けた」「文章
を書いて発表できたが，発音や声の大きさなどはまだまだだった」という
ような記述がありました。授業後に，「調べた台湾について，チームで外
国人に説明するという設定がおもしろかった」という感想を話す生徒もい
ました。

授業を終えて

　この実践は，習得サイクルと探究サイクルの2つの学習を関わらせてい
く展開の指導計画でした。生徒たちは，前時に情報集めの練習も兼ねて，
台湾について調べる探究活動を行っていました。本時の理解深化課題では，
自分たちが行きたい場所，食べたい物の良さをALTに伝えるために，英
語の基礎的な知識技能を習得して活用することが必要になると感じられる
ような状況設定にしました。

　他国の生活や文化を知ると，生徒の中に「なぜ？」が生まれ，「聞いて
みたい」「調べてみたい」が生まれます。「聞きたい／伝えたい」という相
手がいることで，英語が必要になり，学ぶ意欲につながります。そして何
よりも，日本人以外と交流することによって，地球人としての自分を意識
でき，違いを知って柔軟に考えることができるようになるでしょう。英語
の運用の理解に加えて，「今度,台湾の生徒との交流のときに聞いてみたい」
という国際理解を含んだ自己評価が出てくるような授業にしていきたいと
思っています。

OKJの実例から

因数分解の応用
～「２乗の差の公式」の意味と使い方～

実践の経緯

　兵庫県小野市立小野南中学校から，「独力で OKJ に取り組んで４年目になるが，どういう授業なのかまだ浸透していないので，数学でコラボ授業をやってほしい」という依頼があったのは 2019 年でした。そこで，３年生担当の藤本裕也先生といっしょに授業をすることになりました。

　因数分解の単元の最後のほうで，藤本先生は教科書の発展問題にある，「１辺 18cm の大きな正方形から，１辺 12cm の小さな正方形を切り取ったときの残りの面積を求める」という問題を取り上げたいということでした。この問題は，$18^2 - 12^2$ を計算すれば答えは出ますが，因数分解の公式で 30×6 に変形すれば暗算でもできるくらい簡単に出せることに気づかせる問題でした。

　私自身，$a^2 - b^2 = (a+b)(a-b)$ という因数分解の公式をそういうふうに応用したことがなかったので，おもしろい問題だと思いました。ただし，藤本先生の指導案の原案では，２つの図形の面積比較の問題にして少しひねってはあるものの，「教師の説明」で問題を提示し，「理解確認」で結果を予想させ，「理解深化」で実際に解かせるという展開でしたので，OKJ からするとワンステップ遅れているように見えました。

　生徒にわかってほしいことは，まず，この公式が「２乗の差は，和と差の積になっている。それによって計算が簡単になることがある」ということです。ただしそれ以上に，公式のもつ図形的な意味は，私もわかっていなかったので少し考えてみました。乗法公式(逆に見れば,因数分解の公式)の図形的な意味がよく教科書に出ていますが,なぜかこの教科書には「２乗の差の公式」については出ていなかったのです。自分で考えてみたところ，少し図形の変形を要することに気づきました（「本時の展開」参照）。これは，「教師の説明」のところで，公式の図形的な意味として取り上げ

― 本時の展開 ―

【目標】
■ 図形の面積を求める問題を通して，2乗の差の因数分解の意味を知り，活用することができる。

【困難度査定と指導上の工夫】
■ 2乗の差の公式の言語的意味や図形的意味をつかんでいない生徒が多いと思われるので，教師から問題提起して説明する。
■ 2数の積の形になっていれば，値を求めなくても大小比較ができることがあることに気づかせたいので，理解深化課題として取り上げる。

教師 説明 13分	2乗の差の公式の意味を言葉で説明する。 ・既習の公式，$a^2-b^2=(a+b)(a-b)$ を板書し，左辺は2乗の差，右辺は和×差（和と差の積）になっていることを説明する。 ・「24^2-16^2 の答えを簡単に求めてみよう」と問いかける。 2乗の差の公式の意味を図形的に示す。 ・左辺は正方形の面積の差だが，折れ曲がった部分を移動して等積変形すると，$a+b$ と $a-b$ を2辺とする長方形になる。
理解 確認 10分	正方形の内部をくり抜いた図形を例にして，2つのやり方で面積を求め，確認する。 ・「2乗の差」と「和と差の積」の2つのやり方で計算する。 　　$15^2-13^2=(15+13)(15-13)=28×2=56$ ・答えだけでなく，問題を解く考え方についてペアで共有する。代表生徒には発表してもらう。
理解 深化 22分	正方形をくり抜いた図形を3つ提示し，「2乗の差を求める式を立てるが，計算して面積を求めることはしないで」，大きさ順を判断する。 ・個人思考の後，グループごとに考える。 ・支援を要する生徒については，机間指導のときに対応する。 ・よりわかりやすい説明ができるように促す。 ・代表生徒が，どのように考えたかを前で発表する。
自己 評価 5分	振り返りの記述をし，数人が発表する。 ・自分にとって大切だと思ったこと，まだよくわからないこと，さらに考えてみたいこと，その他の意見・感想など。

ておきたいと思いました。

　さらに，理解深化としては，図2-7のように，2乗の差の値を計算しなくても，和と差を求めるだけで大小比較が簡単にできる場合があることにも気づいてほしいと思いました。この図で言えば，Aは52×6，Bは50×

6，Cは50×4なので，A
＞B＞Cであることがわか
ります。こうして，より深
い学習になるように，藤本
先生とメールでやりとりし
ながら，指導案をバージョ
ンアップしていきました。

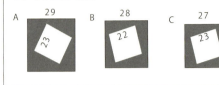

次のA，B，Cの色を塗った部分の面積を，
計算して答えを出さずに，比べてみましょ
う。（単位は cm）

A 29   B 28   C 27

図2-7　理解深化課題

授業の実際

　この授業を受けた生徒たち（中学3年生）は，協働学習をあまりやって
いるわけではなく，グループ内で話しあったり，クラス全体の前で発表し
たりすることには慣れていないとのことでした。どうなるかは予想がつか
ないまま，最初から机を4人ごとの島型配置にして授業を始めました。

教師の説明

　「この公式を使うと，$24^2 - 16^2$ が，暗算でもできるんだけど，できた人」
と聞いてみましたが，手が上がらないので，「グループで少し相談してご
らん」というと，かなり気づいた様子でした。そこで「では，わかった人」
と言っても，自発的には手が上がりません。中学・高校になると，わかっ
ていても手を上げないということが多いので，教師としては手を上げない
だけなのか，本当にわかっていないのか，困るものです。
　にっこりしている1人の女子生徒をこちらからあててみると，ちゃんと
説明でき，「今の答えに賛成の人」と聞くと9割がたの生徒が手を上げて
くれました。わかってもあまり手を上げない傾向があるクラスなのだろう
と判断して，挙手を求めずこちらからあてていく方針にしました。次の「図
形的意味」のところでは，応答を示した生徒がいて，藤本先生が気づき指
名すると，前に出てきて図を使いながらうまく説明してくれました。

理解確認

　少し雰囲気が柔らかくなってきて，グループの中では説明や教えあいを
しながら，かなりわかった様子でした。前で発表してもらおうと1人を指
名すると，やはり相当恥ずかしそうで，書くとすぐに席に帰ろうとするの

で，私とかけあいの形でどう求めたかを説明してもらいました。クラス全体にできたかどうかを聞くと，ほぼ全員が挙手しました。

理解深化

　時間がたつにつれて，グループでの相談は，しだいに活発になってきました。「和×積」の形にして見比べれば，大小関係は判断できるのですが，それをどう説明したらいいかがわからず，悩んでいるグループもありました。「グループ全員が説明できるようにしよう」ということで，答えだけでなく説明することを促しました。

　グループ内でよく説明できていた生徒を指名して，黒板に自分で式を書いたうえで説明してもらいました。本人は十分わかっているのですが，説明が速すぎて一方的になってしまうので，こちらから少し間を入れて，クラス全体に通じるように，私とのかけあいで説明してもらったところ，落ち着いたペースになって，自然と拍手が出ました。

自己評価

　本時でわかった大切なこととして，「工夫すると計算が簡単になる」「斜めになっても面積は変わらない」「式を言葉にしてみる」「式にも図形的な意味がある」「計算して答えを出さなくても大きさが比べられる」などの気づきが出てきました。また，説明活動を経験したことから，「人にわかるように説明すること。自分で説明できてはじめてわかったことになるので大切にしたい」「自分がしっかり理解したら，まわりに考えをひろめる」などの，OKJのねらいに沿った記述が出てきたのもよかった点です。

授業を終えて

　この授業は，単元内の通常の進行の中にある1時間の授業ではなかった点で，OKJのデモ授業としてはやや変わった形でした。それでも，基本的なことを教えて，理解確認したうえで，それを活用した理解深化問題に取り組むというOKJらしい展開になりました。1つの発展的な問題を1時間かけて扱うというのはプラスβですから今回の授業に特有です。そのうえで，OKJのコアが何かを見てもらう授業にはなったのではないかと思います。

第2章

OKJの実例から

物体の落下運動
～なぜ「重いものは速く落ちる」と思うのか～

実践の経緯

　落下運動については，「重いものほど速く落ちる」という素朴概念があると科学教育ではよく言われています。実際，中世まではそれが一般的に信じられていましたし，学校で真空中では石も羽も同時に落ちる実験を見た後でも，どうもしっくりこず，また何年か経つともとに戻ってしまうとも，言われてきました。

　埼玉県立越谷北高校の岸澤眞一先生から，「運動方程式できちんと教えて，実験で確認しても，生徒のもやもやがぬぐい切れないのに昔から悩んでいた。OKJで何とかならないか」という相談を受けました。これは2009年というかなり昔のことで，私自身まだあまりOKJのデモ授業をやったことがなかったのですが，この問題は心理学的にも，科学教育の上でもチャレンジしがいのある問題なので，やってみることにしました。

　この素朴概念を克服するには，そもそも「重いほうが速く落ちる」と思うのはなぜか，という自らの信念の由来を吟味して，どこまでは正しく，どこからが誤りであるかを理解する必要があるのではないかと考えました。素朴概念は，完全に誤りということではなく，どこか正しいところもあって，それが過剰に一般化されたものであることが，認知心理学ではよく言われているからです。

　私たちの素朴な感覚は日常場面からきているはずで，真空中とのいちばんの違いは空気抵抗があることです。しかし，日常場面で石と羽を比較して，「ほら，空気中では軽い羽根がゆっくり落ちるね」と言われても，どうも納得できません。石と羽は重さだけでなく，形も材質も違うからです。純粋に，重さという条件だけが違う場合はどうなるのでしょう。たとえば，中空のピンポン玉と，中に金属を詰めて重くしたピンポン玉のどちらが速く落ちるのでしょう。

― 本時の展開 ―

【目標】
■ 空気抵抗のない場合の落下の法則を，空気抵抗がある場合の落下（漸近的に，質量などの条件に応じた終端速度に近づく）と対比して理解，説明できる。

【困難度査定と指導上の工夫】
■ 真空上の落下で，直観的な理解を助けるためのたとえとして，「集団フリーフォール」を導入する。
■ 空気がある場合に落としてからの速度がどう変化するかは難しい。質量以外を条件統制し，思考実験によって，縦軸を落下速度 v，横軸を落下時間 t とした「$v-t$ グラフ」を重い物体と軽い物体とで比較させる。

前時	・真空中の自由落下運動について，実験による事実確認と，運動方程式による理論的理解。
教師説明 15分	運動方程式 $F=ma$（$a=F/m$）と万有引力の法則（$F=GMm/r^2$）によって落下の法則を説明する。（復習） ・物体の質量 m が k 倍になると，引力も k 倍になり，加速度は同じ。 「集団フリーフォール」のたとえで説明する。 ・1人ずつで落ちても，k 人が手をつないで落ちても落下速度は直観的に同じ。手をつないだ場合には，ユニットとしての質量は k 倍。 ・物体は原子からできており，原子の集団フリーフォールが落下現象であること。
理解確認 15分	真空中では，質量によらず一定の加速度で落下することを，運動方程式による方法と，集団フリーフォールによる方法で相互説明する。 ・はじめは，理科室の4人グループ内で説明しあい，次に代表生徒が黒板の図を使いながら説明する。
理解深化 35分	空気抵抗がある場合，質量以外の条件（大きさ，形状，表面の材質）を統制した2つのピンポン玉（中空，中に金属）の落下を比較する。 ・どちらが先に落ちるのか予想をしてから，実験してみる。（落下距離が2mと5mで） それぞれのピンポン玉の $v-t$ グラフを予測する。 ・「空気抵抗の力は，ほぼ速度に比例すること」を伝え，落ちていくにつれて，はたらく力がどうなるかを思考実験する。 ・グループごとに縦軸 v（落下速度），横軸 t（落下時間）として2本のグラフを書き込み，代表が発表する。 ・正解を解説し，先輩たちが実測した発泡スチロールの玉の $v-t$ グラフを見せる。
自己評価 5分	振り返りの記述をし，数人が発表する。 ・わかったことや，まだよくわからないことなどをまとめる。

これは，「落体の終端速度」という問題になりますが，実は，諸条件を統制したあとでこそ，「重いほうが速く落ちる」というのが，空気のある日常場面ではむしろ「正しい」のです。真空の場合の説明を聞いただけでは，理系クラスの生徒でもなかなか判断できません。空気抵抗のある場合の落下運動と対比して十分理解させていなかったことが，むしろ，真空中での現象の位置づけを妨げていたのではないかと考えて授業計画を立てました。

授業の実際

　今回の授業は，理数科の高校2年生というかなりレベルの高いクラスで，70分の特設授業として行いました。落下運動の素朴概念を克服することを目標にして，とくに，「教師からの説明」における「集団フリーフォール」のたとえによる説明，思考実験による理解深化課題（空気抵抗のある場合の $v-t$ グラフの予測）を入れて，確実な定着と高度な思考・理解をめざすこととしました。

教師の説明

　運動方程式は習ったばかりですが，落下運動の場合に物体に働く力（重力）は，地球との間にはたらく万有引力であることがわかっていない生徒もいたので，教科書の該当ページを見て，万有引力の法則を確認しました。運動方程式の F と m がどちらも k 倍されて相殺されるので加速度は一定になるという説明です。集団フリーフォールのたとえでは，手をつないでも放しても落下速度が変わるはずがないことは直観的にわかったようです。

理解確認

　理科の実験用4人机だったので，相互説明はしやすかったようで盛り上がっていました。前に出て，黒板の図を指さしながら口頭で発表するのは，あまり慣れていないせいか，やや緊張気味でした。

理解深化

　金属を詰めたピンポン玉は，岸澤先生に特注でつくってもらいました。中空の玉とどちらが速く落ちるかは，意見がきれいに二分されました。1人の男子生徒に両手を上に上げて2個を同時に落としてもらう「2m条件」

では差はまったくわかりません。そこで，岸澤先生に階段の上から同時に落とす「5m条件」でやってもらうと，落ちたときの音から，重い玉のほうが速いことがわかり，生徒からどよめきが上がりました。

図2-8　終端速度のある$v-t$グラフ

落としてからの速度がどう変化するかが，$v-t$グラフですが，グループで非常に活発に10分ほど議論したのち，3種類の答えを理由とともに発表してもらいました。10グループのうち，8グループは図2-8のような正解でしたが，「どちらも直線的に速度が増えるが，重いほうが傾きが大きい」「波打ちながら一定の速度に収束する」というようなグラフも出たので盛り上がりました。

最後に，教師から，日常生活の例を挙げ，たとえば，雨粒は高いところから落ちても，途中で一定速度になりあまり速くはならないこと，もし雨粒と同じ形で同じ大きさでも，重い金属でできていたら相当のスピードになって落ちてくることなどを補足しました。

自己評価

$v-t$グラフで正解した生徒からは，「空気中では，重いほうが速く落ちるということがわかってすっきりした」というような感想がありましたが，まだ納得できなくて話しあいを続けるグループや，質問してくる生徒もありました。

授業を終えて

内容的に盛りだくさんで長い授業になりましたが，相互説明，発表，グループ討論，演示実験の観察など，いろいろな活動があったので，あっという間に終わった感じだったようです。理解深化課題は，ある意味で終端速度の先取りになっていたわけで，OKJとしては異例かもしれませんが，真空中と対比させることで相互理解が深まることをねらった授業ということになります。

第**3**章

OKJのPDCA
と授業力

　OKJは，教授と活動のバランスをとりつつ，深い理解を伴った習得をめざす授業設計論です。教える場面として「教師の説明」，児童生徒に考えさせる場面として「理解確認」，「理解深化」，「自己評価」があることを第1章，第2章で見てきました。

　この展開は，いわば習得型の授業の「起承転結」のようなものであり，オーソドックスな授業構成と言えます。ただし，それだけではなく，認知心理学を背景とした，メタ認知の育成や協働学習場面などが随所に盛り込まれています。

　本章では，こうしたOKJを計画・実施するにあたって，どのようにすればよいのか，また，そこで教師にどのような授業力が必要になるのかを解説します。授業づくりのPDCAに沿って，授業の構想，遂行，省察，改善の各段階で求められることをなるべく具体的に説明しました。

　三面騒議法による授業検討会の進め方も紹介していますので，ぜひ実際にやってみて，その効果を実感していただければと思います。章末にはQ&Aを掲載しました。本文では十分に触れられなかった疑問点の解消に役立ててください。

OKJのPlan（計画）

　最近は教育界でも，**PDCA** という言葉がよく使われるようになりました。Plan（計画），Do（実行），Check（検討・評価），Action（改善行動）というサイクルを回しながら，教育改善を進めるものです。もともとは，1950 年代から企業の品質管理などで使われてきた手法なので，これを教育場面にあてはめることを嫌う人もいます。

　確かに，経営活動の場合のように PDCA を細かく規定して実施することは，教育場面では無理があり，かえって教育活動を歪める危険もあります。それでも，この用語が文部科学省をはじめとして，教育界にかなり入ってくるようになったのは，目標や計画をしっかり立てて，実証的に評価・改善していく姿勢が，教育界では弱すぎたのではないかという反省からと思われます。

　そこで，この章では，あくまでも PDCA の基本的な枠組みを活用する，というくらいに広くとらえて，OKJ の授業づくりを考えていきたいと思います。そして，それぞれの段階をうまく実施するには，教師の授業力としてどのようなことが必要になるのかを見ていきます。

年間指導計画，単元計画から指導案へ

　OKJ は，1 単位時間（通常 1 時限，場合によっては 2 時限続き）を 4段階で構成する授業設計論ですが，年間指導計画，単元計画がもとになることは言うまでもありません。**カリキュラム・マネジメント**の観点から言えば，どのような資質・能力を，どの教科のどの単元で育てようとするのかという方針を考えることになります（コラム 3-1 参照）。

　とくに，OKJ の実践校では，コミュニケーション能力や，「予習－授業－復習」という習得学習のサイクルを身につけること，自分の理解状態を診断するメタ認知を促すことなどを教科横断的な目標として年間計画に盛り込むことが多いものです。単元計画としては，OKJ，問題解決型の授業，

ドリル中心の授業，探究型の授業などの配分を考えることになります。

　そのうえで，OKJ として行う個々の授業の計画を立てるわけですが，まず，教科書，指導書などをもとに教材研究をすることは一般的な授業づくりと同様です。さらに，「ここは，すべての子に定着を図りたい」「ここは，もっと深い意味をつかませたい」などと考えて，**本時の目標**を立てます。そのとき，ぜひ考慮してほしいのは，「目標と子どもの実態のギャップがどれくらいあるか」「どう工夫すればそれを埋められるか」ということです。

　これが第2章−1でも解説した**困難度査定**で，「もし，この目標のためにこの授業をしたら，どこがどれくらい難しいだろうか」という予測をします。そして，それを克服するために，全員に理解してほしい基本的な内容は教師からわかりやすく説明し，発見的に解決させたいという内容は理解深化課題として入れます。指導案の前に，「困難度査定と指導上の工夫」

📌 コラム3-1　カリキュラム・マネジメントとは

　今回の学習指導要領改訂（2017 年）のための中教審の審議の中で，「アクティブ・ラーニング」と並んでキーワードになったのが「カリキュラム・マネジメント」である。正直なところ，はじめてこの言葉が出てきたときに，私（市川）も意味がつかみにくかった。もともと，学習指導要領で定められた教育課程があり，学校は年間指導計画や単元指導計画を立ててそれを実施している。いったいそれ以上に何をするということなのだろうか。審議が進み，中教審答申としてまとめられるに至ってしだいにわかってきた。

　これまでの指導計画というのは，ほとんどが教科ごとに考えられていた。今回の改訂でめざすのは，教科等横断的な資質・能力の育成である。すると，各教科の教員が頭を突き合わせて，どのような資質・能力をいつ育てていくのかという教育課程編成をしなくてはならない。さらに，目標とした資質・能力がついているのかを PDCA サイクルにのせて改善を図る。そのための予算，施設設備，教員や地域人材などのリソースの確保・配分を考える。これがカリキュラム・マネジメントで求められていることである。かなり過大な要求を学校につきつけているようにも思えるが，これからの時代，そのような発想を少しずつでも学校に取り入れてほしいという趣旨である。

OKJのPDCAと授業力

という項目を入れることは，子どもの目線に立った授業にするための第一歩です。

OKJ の構想力と「授業構想シート」

OKJ は，「学力の低い子もついていける」「学力の高い子にも足踏みさせない」という大きなねらいがあります（第1章－2参照）。そのために，新出事項をすべて自力発見や協働解決に委ねるのではなく，授業前半は学力低位の子に焦点をあてて教師から教え，知識の共通基盤をつくったうえで，後半の理解深化では，学力の高い子や先取り学習している子にもやりがいのある課題を協働解決するという，メリハリのある展開にしているわけです。

年間計画や単元計画から，指導案までをつくるのに必要な力を教師の**構想力**と呼ぶことにしましょう。習得目標を立てるのに，深い教材理解が必要なことはもとより，OKJ の場合は，その先困難度査定を的確に行ったうえで，「何を教え，何を考えさせるのか」「教え方や理解深化課題をどうするか」が教師としては悩みどころになります。OKJ の構想力をつけるために実践校ではどのようにしているのでしょうか。

たとえば，普段から1ページの**授業構想シート**を使っているところが多くあります。小学校なら，新任教師が算数だけでも実施しているうちに，「習得目標」「困難度査定と指導上の工夫」「予習＋4段階の構成」という授業づくりに慣れてきます。一般的によくある「導入－展開－まとめ」という漠然とした構成より考えやすいという声がよく聞かれます。枠組みが決まっているので，教員相互の指導案検討もしやすいと言います。

授業構想シートの書式としては，第2章のそれぞれの指導案に示したようなものが典型です。普段それほど詳しいものをつくる必要はありません。「メモのようなものでもいいので，研究授業のときだけでなく，日常的に書き込む習慣をつける」ということが大切です。このシートをファイルに綴じて職員室に置いておき，共有している学校もあります。お互いに参考にしたり，議論のきっかけにしているのです。

なお，授業構想シートをより詳しくしたものが，**指導案**とか**本時案**など

と呼ばれています。これは，OKJとして決まった書式があるわけではなく，学校や教育委員会で定めたものを各学校が使っています。私も，デモ授業のときにはそれに従っています。ただし，OKJである以上，縦の区分は，OKJの4段階になっていることが前提です。仮に，「導入－展開－まとめ」のような一般的なものであったとしても，表の中に，【教師の説明】，【理解確認】，【理解深化】，【自己評価】などと入れないと，OKJのどの段階にあたるのかわかりません。

　また，表の横の区分は，たとえば，「学習活動／予想される生徒の反応／指導上の注意」のようになっていて，これも学校や教育委員会によってさまざまです。ただし，単独のデモ授業で自分がつくっていい場合は，「教師からの説明・課題提示／生徒の学習活動」の2列にしています。なぜかと言えば，普通の習得の授業である以上，教師が説明したり発問したりして，それに応じて生徒が活動することによって授業が進行していくからです。教師が原因で，その結果が生徒の活動（反応）であり，いきなり生徒の学習活動からはじまるわけではありません。「授業は学習者中心のものだから，学習活動が左にあるべきだ」という論者もいますが，教師が引き起こすことによって，学習者が活躍する学びになるのが習得の授業であり，そこは探究学習とは違うところであろうと思います。

授業づくりにあたっての4段階と3レベル

　表3-1は，この10年間しばしば使うようになったもので，OKJの各段階で，どのような方針で臨むのか，どのような教示や課題を入れるのかを，例としてまとめたものです。それぞれについて，補足をしておきましょう。

①予習

　必須ではないのでカッコ付きにしています。難しい内容を扱うときは，簡単な予習を課すことがあります。子どもの実態にもよりますが，教科書を通読して，わからないところに付せんを貼ってくるくらいなら負担が少ないでしょう。児童生徒が慣れていないうちは，授業のはじめに**予習タイム**をとることもあります（第1章－2の授業例参照）。

授業内容の概略を知り，どこがわからないかを意識してくるだけで，教師の説明に集中でき理解度が高まります。5〜10分程度の予習でも「授業がわかるようになった」「手があげられるようになった」という声が出てくるものです（コラム3-2）。

②教師の説明

OKJにおけるプラスαとしての特徴（図1-4参照）に，**教科書**を最大限活用するということがあります。教科書は，図表や資料なども含めてよくできた教材なのですから，予習でも授業でも復習でも活用してほしいものです。「教科書を閉じさせて，そこに答えが出ている問題を考えさせる」ということは，OKJではまずありません。「教科書の解説内容はゴールで

コラム3-2　予習と先行オーガナイザー

　予習の心理学的な裏付けとして，1960年代に盛んに研究された先行オーガナイザー（advance organizer）がある。提唱したのはアメリカの教育心理学者オースベル（D. P. Ausubel）である。本学習をするのに先立って，予備的に短いテキストを与えておくと，記憶が促進されることを実験的に示して，これを「先行オーガナイザー」と名づけた。その内容としては，本学習の概要にあたるものや，出てくる項目の比較対照となるものなどがあり，それが枠組みとなって後続する詳しい情報がその中に取り込まれていくという認知モデルを想定している。

　日常的にも，新聞の見出しやリード文などが先行オーガナイザーとしての機能を果たし，本文の理解を助けている。最近の学校の教科書や参考書でも，そうした要約をつけているものがある（実は，本書の各章の扉にも，章の構造や流れを説明した簡単な要約がついている）。OKJが予習を促すのも，先行オーガナイザーとしての効果をねらっているわけだが，概要をつかむことと当時に，わからない点に疑問をもつことで授業への関心や注意を引き起こすということも大切な役割である。また，意味理解志向が低い学習者は，予習が表面的な読解になってしまうことがあるので，教師のほうから問いや自分なりの答えを考えてみるような課題を与えておくと，予習の効果が生まれるという示唆的な研究もある（篠ヶ谷，2019）。

表3-1 「教えて考えさせる授業」構築の３レベル

段階レベル	方針レベル	教材・教示・課題レベル
教える		
（予習）	授業の概略と 疑問点を明らかに	・通読してわからないところに付せんを貼る ・まとめをつくる／簡単な例題を解く
教師からの説明	教材・教具・説明 の工夫	・教科書の活用（音読／図表の説明） ・具体例やアニメーションによる提示 ・モデルによる提示 ・ポイント，コツなどの押さえ
	対話的な説明	・代表児童生徒との対話 ・答えだけでなく，その理由を確認 ・挙手による賛成者・反対者の確認
考えさせる		
理解確認	疑問点の明確化	・教科書やノートに付せんを貼っておく
	生徒自身の説明	・ペアやグループでお互いに説明
	教えあい活動	・わかったという児童生徒による教示
理解深化	誤りそうな問題	・経験上，児童生徒の誤解が多い問題 ・間違い発見課題
	応用・発展的な問題	・より一般的な法則への拡張 ・児童生徒による問題づくり ・個々の知識・技能を活用した課題
	試行錯誤による 技能の獲得	・実技教科でのコツの体得 ・グループでの相互評価やアドバイス
自己評価	理解状態の表現	・「わかったこと」「わからないこと」

はなく，スタート」という考えをとります。

　OKJでは，教科書を開くだけでなく，拡大コピーを黒板に貼る先生や，実物投影機で拡大して提示する先生もいます。ただし，教科書と同じ説明をしたのでは，意味がありません。教科書を読んでもわからない子がいることが前提です。そこで，

　　・言葉づかいをやさしくする

　　・行間を補うような説明を加える

　　・何がポイントなのかを明確に示す

　　・難しそうなところは，独自の教材・教具やICTを利用する

などの工夫をする必要があります。

　また説明が一方的にならないように，「ときおり対話や挙手を入れて，説明についてきているかをチェックする」などの工夫を指導案に盛り込みます。小学校では，児童が答えて，一斉に「いいで〜す」というやりとりがよくありますが，だれが言ったのか，どれだけの子が言ったのかはよく

わかりません。中学・高校だと，無言の反応が多いもので，これも全体の理解がつかめません。「いまの〇〇さんの答えに賛成の人」「反対の人」と挙手してもらえば，時間もかけずにクラス全体の様子がだいたいわかります。

③理解確認

　教師が説明したことが伝わったかどうかを，まずは子ども自身，そして，教師が確認するのが目的です。そのために，ペアや小グループになって，新しい用語，解法手続きなどを子どもが自分で説明できるかどうかを重視します。意味がわかっていると言えるためには，板書やノートの説明を棒読みするのではなく，「くだけた表現でもいいので，自分の言葉で説明する」ということが大切です。教師が説明したのと同じ内容でも，児童生徒が自分の口で説明するのは，はじめのうちけっこう難しいものです。

　教師が説明した例題の類題を自力解決させる時間を少しとって，答えを見比べてみることもよくありますが，ただあっていればよいというのではなく，どのように解いたのかをペアやグループでお互いに説明し，わからない場合は教えあい活動に入ることを計画しておきます。そこで，教師を呼んでもう一度説明してもらうこともありますし，代表生徒の説明を全員で聞いて，説明のしかた自体を学んでいくことも重要になります。

④理解深化

　教科書レベルのことをひととおり習っても誤解していそうな問題，習ったことを活用したり発展させるような課題が望まれます。毎回教師が考え出すのは負担が大きいので，教科書の章末問題，発展問題，問題集や教育雑誌の問題なども活用します。実践校では，授業構想シートや指導案が毎年蓄積されていくので，その理解深化課題を参考にすることもできます。

　やたらに難問を出せばよいというものではなく，児童生徒から「なるほど，そういうことだったのか」という言葉が出るような，本質的な理解にいたる問題をめざしたいものです。表3-1に書いた方針や例は，あくまでも参考ですので，その他にもいろいろな選択肢を考えて案を出しあうとい

いと思います。学年団，あるいは教科担任グループの中で，指導案作成段階での相談をしている学校もあります。

実技教科の場合は，基礎技能について，教師からコツやポイントを教えて演示を見せ，それが頭に入っているかを，理解確認としてペアで説明しあうところまではやりますが，「実際にやってみるとできない」というのが普通です。頭だけでわかっている状態から，練習によって体の動きとして体得できた状態になることを理解深化としています。言葉だけで長々と議論させたり，より高度な技に挑戦させたりしないといけないというわけではありません。

⑤自己評価

「本時の学習を振り返って，あとから自分が見ても生かせるような気づきや疑問点を残しておく」というのが自己評価の目的です。単なる段階評定（どれくらいがんばったか，どれくらいわかったか）や感想（楽しかった，うれしかった）ではなく，「何がどうわかったのか」という内容を具体的に書くことが大切です。また，「まだよくわからないこと」や，「さらに考えてみたいこと」なども書いてもらえるとよりよいものになります。

自由に書かせるだけだと，ついつい，感想程度の形骸的な記述になってしまいがちです。3〜4つの項目立てをすれば，それに沿って書くようになりますし，どのように書くとよいかの指導を入れれば，小学生でも習慣的にしっかり書けるようになっていきます。時間が足りないときには，宿題として出しているクラスもあります。その日のノートを読み直して自己評価を書くことは，それ自体が復習にもなります。なお，小学校低学年でまだよく書けないときは，口頭で話してもらうくらいから始めている先生もいます。

こうして，「子どもたちの反応が早く見てみたい」と教師がわくわくするような指導計画ができることを，OKJ の出発点としていただきたいと思います。

OKJのDo（実行）

授業の遂行力とは

　学校現場でいろいろなOKJの実践を見たり，私自身もデモ授業をやってみたりすると，「思ったような授業にならなかった」ということが少なからずあります。どのような授業形態でも，「指導計画はよくできているのに，実際の授業はあまりよくない」ということは起こるものです。構想力はあっても，実際に授業をすすめる**遂行力**が伴っていないからでしょう。指導案はあくまでもシナリオであり，それをうまく実行する力が遂行力です。

　そこには，確かに，指導技術上の問題もあるでしょう。たとえば，教師の話し方，板書の見やすさ，子どもへの声かけのようなことです。しかし，それらは，どのような授業形態でも言える一般的なもので，また目に見えやすいことなので，自分でビデオを見たり，他者から指摘されたりすれば自覚されて向上していくものです。

　OKJだからこそとくに注意したいのは，それぞれの教員の中ですでに習慣化している授業スタイルと，OKJのめざしていることがずれている場合です。たとえば，「教師の説明」で「反比例とはどういうことか説明する」と指導案に書いてあったとしても，どのように説明するかはいろいろです。「理解確認」で「反比例について，友だちと説明しあう」とあっても，その形態は実にさまざまです。

　教員は，自分のやり方が当然と思っていれば，わざわざ指導案には書きません。また，私自身が，「OKJではこうするのが普通だ」ということをあえて解説に細かく書かないこともたくさんあります。しかし，理論上，あるいは，学習上の効果から見て，期待する授業イメージというのがあるわけです。ここに齟齬があると，指導案は形式的にOKJの段階を踏まえているのに，「どうもOKJらしくない」ということが起こってしまいます。ここでは，私が授業を見ていて感じることを少し表に出していきたいと思

います。

OKJの各段階の遂行上の課題

①予習の確認のしかた

OKJで予習を課す（ことがある）のは，子どもにとって難しい内容をいきなり授業で聞いてもわからないので，それを少しでも軽減するためです。5〜10分くらい教科書を読んで，授業内容の概略を知り，わからないところに付せんを貼ってくるくらいでも理解促進の効果があると本書では書いてきました。授業の中では，どこに付せんが貼ってあるかを授業開始時に2〜3分教師が見て回るとか，わからなかった部分を発表してもらうくらいで十分と思っています。教師も子どもも，どこに重点を置く必要があるかという構えをセットするわけです。

ここで，両極端の場面をときおり見かけます。一方では，「どれくらいわかったか5段階で手を上げて」というような，内容を伴わない「予習の理解度チェック」があります。漠然とした印象なので，子どもにとっても教師にとっても儀式的なものになりがちです。他方では，ノートをあらかじめ提出させて，テストのように内容チェックをしたりするクラスもあります。これは，子どもにとっても教師にとっても大変負担が大きく，予習とその確認で疲れてしまうことにもなりかねません。

予習の効用は，授業の前に生わかり状態をつくっておくことであり，疑問が残るくらいでかまわないのです。本わかりになるのは授業です。「なぜ授業に出るのか」と言えば，「自分一人で教科書を読んでもわからないことがあるから」ではないのでしょうか。「いきなり予習を課して，やる気が出るのか」という質問も受けますが，「予習ではここがわからなかったので，授業に出てわかるようになろう」という，主体的な意欲が生まれる点にも留意したいものです。

ある小学校の先生は，授業の冒頭に，「予習してわからなかった言葉とか意味があったら，出してくださいね」と言って，黒板の端に書き込んでいました。授業の中では，それに注意して説明してくれるのです。子どもたちは，「予習してわからないことを出すほうが，説明してもらえるので

自分のためになる」という気持ちになることでしょう。また，よくわからないのはどこか，ということを考える「メタ認知」が実は予習から始まっているのです。

②教師の説明

　Plan のところで，「OKJ における 1 つの特徴は，教科書を活用すること」と書きましたが，教科書を使うかどうかを指導案にいちいち書かない先生も多いようです。教師が説明するときに，教科書にある解説，図表，例題，資料などを活用するのが典型的な OKJ です。しかし，けっして「教科書べったりの授業」ではありません。「教科書を活用し，教科書を越える授業」というのが OKJ の初期からのキーフレーズでした。予習でつまずいていたところや，子どもの反応がよくないところを臨機応変に説明するのも，教師の遂行力として重要です。

　ちなみに，私自身，学校で授業をするようになったときに，はじめのうち 1 つ困ったのは，生徒が大事な既習事項を忘れていて，そこで行き詰まってしまう場合です。ヒントを出しながら思い出させようとすると，延々と時間を費やして肝心の本題からどんどんはずれてしまいます。今では，「それは，〜だったね。忘れていた人は復習しておこうね」と言って，今日の目標である本題の話の筋を理解することを最優先にしています。

　また，子どもによっては，かなり的のはずれた発言や，教師が聞いてもよくわからない発言をすることがあり，これも先生が悩むところではないでしょうか。発言を大事にしようとすると無視はできないし，かといって，その子と話し込んでしまうと，まわりの子どもたちは，いったい何を議論しているかもわからなくなり，時間ばかりが過ぎて今日の目標にとても到達できなくなります。私は，「そうか。その意見はあとで先生に聞かせてね」ということにして，いったん個別対応にし，必要ならのちに全体に紹介するというのでもいいと思っています。

③理解確認

　教師が説明したことの中で大事な部分をペアや小グループになって，お

互いに説明しあうことで確認する場面ですが，これも，指導案には出ていない様子がいろいろ見られます。言い回しを一字一句暗記させて形式的な説明をさせたり，ノートを読み上げたりするだけの説明では，理解を確認していることになりません。説明をそのまま読んだり丸暗記したりすることを求めているわけではないのです。大事なのは，意味がわかって，自分なりの言葉で説明することです。日常語や方言でもさしつかえないので，生き生きとした「対話的」な学習場面であってほしいと思います（コラム3-3 参照）。

　教師も，「机を寄せあう」，「ノートを指さしながら相手意識をもって」，「相手の説明がよくわからないときは質問を」など，対話を促すための指示を入れるのがよいでしょう。また，「周りの人に説明しましょう」「歩き回ってもいいので好きな人と説明しあいましょう」のようなあいまいな指示だ

🖋 コラム3-3　暗唱や話型による説明の指導

　うまく説明できない子がいるので，説明することをそのまま暗唱させて相互に確認しあったり，「話型」を与えてその通りに説明するように指導している場面を小学校ではときおり見かける。見ていると，ノートや黒板を見ながら言葉遣いにばかり気を使ってしまって，理解しているのかいないのか，教師からさっぱりわからない。おそらく，子ども本人もわからないのではないだろうか。中学校や高校でも，教科書の定義を丸暗記しているだけになっていないかどうか，注意が必要である。

　話型は，どういう言い方をしていいかわからない子に，例として示すもので，全員がいつもそのとおりに言わなくてはいけないものではないはずだ。「はじめに」「第一に」「最初に」「まず」など，意味的に同じであれば，どれを使ってもかまわないのだが，そのうちの1つを話型として与えると，子どものほうも，そのとおりに言わないといけないと思って，「はじめに，だったっけ。最初に，だったっけ」などと必要のないところで悩むことになり，のびのびとした自然な対話的説明にならなくなってしまう。「たとえば，～という言い方があるけど，それと同じでなくてもいいんだよ」という柔軟な指導が求められるところである。

と，浮いてしまって，確認行動がまったくとれない子どもが出てきます。はっきりと，ペアやグループを決めて，全員が説明できるようになることをめざすほうがいいと思います。教師も机間指導を入れたり，途中で全体に説明上の注意を促すことも必要です。

　子ども同士で説明しあうことは難しいように思えますが，小学1年生からでも取り組んでいる学校は多いのです。たとえば，「13−8」をどうするか，教師はブロックやサクランボ図などを用いて，減減法（8のうち3をまず13から引いて10にし，次に10から5を引いて答え5を出す）と減加法（10から8を引いて2にし，次に2と3を足して答え5を出す）があることを教えます。児童はペアになって同じ説明を試みます。大事な点は，「図や具体物を使って，自分なりの言葉で，相手意識をもって説明する」「教師のほうも，説明のモデルをきちんと見せる」ということです。

　うまく説明できたときは，学年・校種にかかわらず，子どもたちはとてもうれしそうです。よくわかったという実感と，人にも伝えられたという達成感があるのでしょう。答えを出すだけが学習ではなく，自分なりの説明がきちんとできることは，社会に出てからのコミュニケーション力にも直結する大事な資質・能力です。

④理解深化

　理解確認に続いて，対話的・協働的な学びとなる場面で，ここでは，アイデアを出しあっての相談活動を求めたいものです。誤解していそうな問題，習ったことを活用・応用するような課題を協働的に解決するような活動が多いですが，国語や社会科であれば，それぞれの意見や感想をつきあわせたり，体育や音楽であれば，お互いの実技を見てアドバイスしあうなどの活動もあります。なぜグループワークを推奨するのかと言えば，協力して「深い学び」に至ることを経験させ，そうした資質・能力を育てたいからにほかなりません。

　ですから，あまりに長い自力解決時間をとって，その答えあわせになってしまうのではねらいにそぐわないことになります。むしろ，「少し考えたけれども，独力ではまだわからない」くらいの状態で相談することに意

義があります。そのため，個人やペアでは考えが進まないレベルの課題を用意し，3～4人のグループを推奨しているわけです。もちろん，実際にできるかどうかは，クラスにより，グループによりさまざまです。グループ全員がお手上げ状態になることもありますから，教師が**グループに応じたヒント**を出すことも必要です。また，グループのだれかが早くわかったとしても，全員がそれを納得し説明できるように促したいものです。

⑤自己評価

　自己評価として子どもに書いてほしいのは，「自分にとって何が大事な点だったのか」，「何を今日の授業から学びとり，何がまだ不十分なのか」ということです。そして，それを学習改善に生かしてほしいということです。まさに自分自身の学習を分析・診断する**メタ認知**を促す場面と言えます。それを大事にしているクラスでは，小学校3～4年生でも，最後の5分で数行程度の自己評価をノートに書き，何人かに発表してもらう時間がとれています。

　たとえば，「今日は，比例がよくわかった」というのは，あまりいい記述ではありません。「授業前は，一方が増えればもう一方も増えるとき比例だと思っていた。今日の授業で，一方が2倍，3倍となると，もう一方も2倍，3倍になるときだけ比例ということがわかった」というように，自分の認識の変化を具体的に書いてくれることがメタ認知を高めるうえでは望ましいのです。教師からもそのような指導を入れることが重要です。

根底にあるのは，「何を大切にした授業か」

　OKJにおいてDo（実行）にあたることをいくつも書いてきましたが，これらはけっして細かい決まりごとではありません。かといって，「別にこだわらなくてもいい」というものでもありません。「OKJが何を大切にした授業か」，「どういう子ども像を求めているのか」ということから，必然的に出てくるものと考えていただくのがいいと思います。

　OKJは，子どもに学力差のあるごく一般的なクラスで，子どもたちの認知状態に配慮しながら，深い理解を伴った習得をめざす授業設計論です。

「既習をもとに考えよう」「話しあいを通して考えよう」ともちかけても，それについてこられない子どもたちを念頭におけば，予習チェックや教師の説明が形式的・一方的に流れることはありえません。教師からわかりやすく説明するための工夫が入ってくるはずです。

　また，教師の説明が通じたのかどうかが気になれば，理解確認の場面設定や机間指導も自然なやり方になるはずです。ここは，できれば全員が理解することをめざし，確認したいのですから，仲のよい子だけが集まっていて，孤立している子がいるような状況は望ましくないでしょうし，教師は子どもの様子をただ眺めているだけではなく支援にもあたるはずです。ノートを指さしながら対話的に説明してほしいなら，机を寄せあうことも促すはずです。

　理解深化で，対話的な問題解決を活発に行ってほしいと思えば，グループの人数も，話しやすい4人（または3人）くらいになるでしょう。5人になったとたんに，1人を隔てて座る子が出てきて，声が通りにくくなったり，ノートやボードを見せにくくなったりするからです。「OKJの決まりごとではなく，活動のねらいを考えれば，自然と落ち着く」というのはそういうことです。

　これは，OKJに限ったことではありませんが，どのような授業論でも，教師に求められる遂行力とは，手順化された細かな方法をバラバラに獲得するものではなく，その根底にある学習観や指導観を理解したうえで自ずから出てくるものといえるのではないでしょうか。あらためて，第1章-4で述べた，OKJのコア，プラスα，プラスβということを読み直していただきたいと思います。

CHECK（検討・評価）と
ACTION（改善行動）

授業が終わってからの省察力

「授業力がどれだけ伸びるかは，授業が終わったあとに何をするかで決まる」。言い過ぎと思えるかもしれませんが，この 10 年，それに近い実感をもつようになりました。これは，授業力に限ったことではありません。児童生徒の学力は，テストが返されたときに，自分の解答（とくに誤答）を見なおし，なぜ間違えたのか，どうすればよかったのかを考えて次に生かそうとするかどうかで大きく異なってきます（コラム 3-4 参照）。スポー

> ### コラム3-4　教訓帰納とOKJ
>
> 　子どもたちは学習や問題解決がうまくいけば喜ぶし，やる気が出る。逆に，間違えたりテストで悪い点をとれば，やる気がそがれてしまうのが普通である。しかし，学年が進んでレベルが上がればいつも成功するとは限らない。むしろ，成功・失敗に一喜一憂するのではなく，失敗を生かして自分の学習改善に結び付けるような学習のしかたが重要になってくる。自分の学習経験，とくに失敗からわかったこととして，自分のしがちなミス，これまでもっていた誤解，解き方のポイント，学習方法上の問題などの「教訓」を引き出すことを，認知カウンセリング（コラム 1-1）では教訓帰納（lesson induction）と呼んで重視してきた。
>
> 　時間をかけて勉強しても成果が出ないという悩みをもつ学習者は多いが，教訓帰納を取り入れた指導をして，他の教科でも自発的に応用されるようになったという好例が，ケース報告として出されている（たとえば，植阪，2019）。OKJ で行われる自己評価で，児童生徒に授業での気づきを書くよう促すのも，教訓帰納のような活動に日常的に慣れてほしいからである。さらに，教師にとっても，自分の授業経験から教訓を引き出すことが，ここでいう授業後の省察（reflection）にあたる。

OKJのPDCAと授業力

ツ選手は，試合の後に勝因・敗因を分析し，それを練習に生かすからこそ強くなります。

　自分の授業を振り返って良かった点，足りなかった点などを振り返る力を**省察力**と呼ぶことにしましょう。これは，授業の Plan（計画），Do（遂行）に続く Check にあたるもので，それは，次にどうすればよいかという Action に直結します。OKJ を省察するときの視点や規準となるのは，計画のときに描いていた習得目標，各段階の授業進行，児童生徒の反応です。また，前節で，授業のＤｏに関して，さまざまな注意点を書きました。それらをはっきりもっておかないと，深い省察にならず単なる印象に終わってしまいます。

　教師は，授業をしている途中でも，うまくいっているとかいっていないということが，生徒の反応や表情からある程度わかるものです。しかし，それだけではなく，生徒のノートやワークシートを回収して精査してみることや，**授業ビデオ**をとっておいて，あとから見ることで授業中には気づかなかった子どもの様子や，自分の失敗などが見えてきます。スポーツ選手でもタレントでも，プロのパフォーマーは自分のビデオを見て改善を図ります。OKJ の実践校では，授業者自身が見て反省材料にするだけでなく，1 年に 1 人 1 本は OKJ のビデオを残すことを私は促してきました。他の教員（とくに，新しく来た教員）がいつでも見られるようなビデオライブラリーにしている学校もあります。

三面騒議法による授業検討会

　省察力を磨き，改善案に結びつけるためにも，教師集団による**授業検討会**（協議会とか事後研とも呼ばれる）は有効です。自分では気づかないような点を指摘してもらったり，改善案をもらえたりするからです。しかし，ついつい，一部の教員の質疑やコメントに終わってしまったりして，あまり活発な意見交換にならないと言われます。私もそうした検討会を多く見てきました。そこで，全員参加できるような**ワークショップ型検討会**を行うところが増えつつあるようです。OKJ の実践校でこの 10 年ほどよく行っている**三面騒議法**というのもその 1 つで，「教師のアクティブ・ラーニング」

と言ってもよいものです。

　参加者の教員たちは，授業（もしくは授業ビデオ）を見ながら，3色の付せんにコメントをメモしていきます。「赤：工夫されて良いと思った点」「青：問題点とその改善案」「黄：他の学年や教科でも活かせそうな点」を，4～6人くらいのグループで，OKJの4段階に沿って新聞紙大のポスターに貼っていき，意見を述べあいながら集約していきます。「騒議」とは，このときの様子が騒がしいほど活発になる様子からつけた造語です。それを，全体会の場で発表し，授業者もまじえて討論を進めます（図3-1）。

図3-1　「三面騒議法」によるワークショップ（左右とも）

　大切なことは，コーディネータや授業者が，批判的な意見でも歓迎する雰囲気をつくること，また，参加者のほうも，代替案を伴った建設的な批判をこころがけることです。これが，CheckとActionにとって大事なのは，お互いに気づかなったような視点が出たり，改善案が出たりするからです。けっしてどれがベストかを決めるものではなく，参加者全員の視点や指導法のレパートリーを広げるものととらえてほしいのです。三面騒議法を実施するようになってから，セミナーや実践校では，教科や校種を越えた活発な授業検討会ができるようになっています。また，各学校からは自律的に研修を進めやすくなったとも言われます。

OKJの長期的な評価と改善

　OKJというのは1～2時間における授業を単位とした授業設計論なので，Checkというのも，基本的には，その時間の授業に関するものになります。Actionのほうは，内容的な不足があれば子どもに対して個別対応をするか，全体的に補足したほうがよいことなら，次時の授業で触れるこ

とになります。これらは，授業において不足していた点を補足するという意味での改善行動です。

　より一般的な自分の指導法の課題が見いだされた場合には，次回以降の指導案に生かせるような改善方針をひとまず出しておく，ということになります。OKJ の場合には，ビデオを見てみると私自身も「教師の説明のことで，あまり必要でないことを話しすぎた」「生徒の質問に対する答えが，まわりくどくてわかりにくかった」「理解深化のところで，もっとヒントを用意しておくべきだった」というようなことに気づき，次に授業をするときの反省点とします。

　時間ごとの授業についてだけでなく，より長期的に見て，その学校，ないしはその教師の行っている OKJ への評価や改善ということも必要です。学校の出している紀要や報告書には，「成果と課題」として書かれているものです。その材料としてよく使われるのは，文科省や自治体の行う学力調査や，民間のテストです。OKJ を継続的に実践している学校では，普通 2 年ほどで顕著な学力の向上が見られます。たとえば，東京都の品川区立第二延山小学校では 2 年間の算数の実践によって，全国学力調査の平均値は上昇，児童間の分散は減少して，学力向上と格差是正が達成されたことが報告されています。

　ただし，テストの点数だけが目的ではありません。理解確認や理解深化でのアクティブ・ラーニングを通じてのコミュニケーション力や学びの深さ，見通し・振り返りといった主体性，さらに，学びに向かう力としての学習意欲や学習方法・学習習慣がどれくらいついたのかも評価され，改善されなければなりません。その定量的検討は今後の研究を待たなくてはなりませんが，実践校に最近よくお願いしているのは，OKJ という授業方法に対する児童生徒へのアンケート調査や，教員へのインタビュー調査です。段階評価だけでなく，自由記述があると良い点も問題点も見えやすくなります。

　表 3-2 は，鳥取県の伯耆町立岸本中学校で，卒業間近になった 3 年生を対象に，「先生たちへのアドバイス〜より素敵な授業をつくるために〜」と題して行われたアンケートの結果の一部です。けっして，よい評価だけ

を取り出したものではなく，OKJ に対して9割以上がこうした肯定的な回答をしていました。また，前述の第二延山小学校では，5・6年生に対して，予習と OKJ の4段階それぞれについてアンケート調査をしています。全体としては OKJ の意義や良さを認めているものの，「予習したのだから，早く問題を解きたい」「いつも説明させることはない」「問題が難し

表3-2 OKJ を受けてきた中学3年生のアンケート記述例

	コメント
①	この形の授業とそうでない授業では，1日のうちに頭の中に入る量が違うと思います。私はこの形にすることで，次の日にも大まかな内容を覚えておくことができました。
②	この形に変わってからは，自信がつくようになりました。理解確認や理解深化でペアの人に自分の意見を言い，納得してもらえたからです。自分の意見を言うことや他人の意見を聞くこともできるようになりました。
③	先生の説明を聞くだけではわからないので，自分で説明することは自分の理解力を高めることにつながっていると思います。
④	わからない部分がどこなのか，自分でよくわかるので苦手をなくしやすいです。またインプットとアウトプットが1回の授業でできるし，周りの人と確認しあえるのがいいと思います。
⑤	理解確認や理解深化が1人とできなくて困ってしまうけど，友達と話しあったり教えあったりすることで成績が上がったと思うし，学級の中も深まったと思います。
⑥	理解確認だけでなく，理解深化があることで，学んだことがどう関係しているかを考えることができたと思います。さまざまな視点からの考え方が生まれていたと思うのでよかったです。
⑦	他の人の意見を多く聞けたり，自分の考えを伝えることができたのが楽しかったです。表面だけで理解するのではなく，他の人と話しあったり，書いたりすることで，理解を深め，新たな疑問をもつなど，より発展的なものにつなげることができたと思います。
⑧	自己評価があるので，わかったところとわからないところが自覚できていいと思います。

OKJ の PDCA と授業力

すぎる（逆に，簡単すぎる）」といった意見も少数ながら出ており，授業改善の参考になります。

　1つのクラスの中で，子ども全員が満足する授業などおよそないと言ってもよいかもしれません。しかし，彼らの声を聞き，ときには教師の意図を子どもたちに説明しながら，よりよい授業をつくりあげていくという姿勢は，どのような授業形態であれ必要なことでしょう。授業のPDCAサイクルは教師と児童生徒がともに回していくものととらえたいものです。

授業づくりのQ&A

　OKJ について，よくある質問と私なりの回答をQ＆Aとしてまとめて
みました。講演や研修では，必ずといっていいほど出てくる質問です。ま
た，OKJ を長く実践したり，校内でリーダー的な役割を果たしてきた先
生ならば，別の回答もありうるでしょう。ぜひ，このQ＆Aも検討の対象
としてそれぞれの学校の研修に使ってもらえればと思います。

●予習

Q₁ 予習をするように言っても，なかなかしない子が多いのですが，ど
うすればいいでしょうか。

　予習のハードルを下げることが大切です。教師のほうが，「予習で内容
をきちんとわかってこないといけない」というプレッシャーをかけたり，
問題を解いてくるなどの重い課題を課すと，ハードルが高すぎでやるのが
いやになってしまいます。しかし，逆に，「予習をできる子はやってきましょ
う」のような緩い言い方だとまずやってきません。

　まず，「予習は授業を受ける準備としてやるもので，完全にわからなく
てもいい」「だいたいどんなことを習うのか，どこがよくわからないかを
はっきりさせておくと，授業がよくわかるようになる」という趣旨を伝え
ることです。

　さらに，「教科書の何ページから何ページまで読んで，わからないとこ
ろには付せんを貼っておきましょう（あるいは，クエスチョンマークをつ
けておきましょう）」というように指示を明確に出すことです。これは，
最初のうち，授業内の予習タイムで練習することもあります。

Q₂ 復習すらしない子がたくさんいるのに，予習などするのでしょうか。

　そういう声はよく聞きます。しかし，予習は，復習より気楽にできるの
です。復習は習ったことをするので，「できてあたりまえ」「できないとい

けない」と思われがちです。予習は，「これから習うことなので，わからないことがあっても当然」という話を先生からして，プレッシャーを下げてほしいと思います。

そこで注意してほしいのは，「気楽に」といっても，ただ音読をすればいいとか，教科書をノートに写すとかいう，機械的な作業にしないということです。「理解しようとして教科書を読む。それでも，わからなかったところはマークする」ということが，能動的に授業を受けるための準備になるのです。

あとは，実際に予習をやってみると，授業がわかりやすくなるということを子どもに体験させることです。先生に言われたから作業としてやるのではなく，いきなり出てもわからなかった授業が，少し予習するだけでずっとわかるようになる，というように「自分のため」に予習するのだという感覚をつかんでほしいものです。

Q3 予習は授業前にスタートラインをそろえるためにやるのでしょうが，予習でわかる子とわからない子がいて，かえって差がついてしまいませんか。

予習を促すのは，スタートラインをそろえるためというより，一定水準の基本的な内容をわかる子を少しでも増やすためと考えたほうがいいと思います。たとえば，予習をせずに，いきなり教師の説明を聞いた場合，十分わかる子がクラスの50％だったとします。もし，予習をしてくれば80％になるというのでしたら，それが予習をすることの意義になります。

ですから，学力中位・低位の子どもにとっては，予習をすることが明らかにプラスになります。それでは，予習をして，教科書を読むだけでかなりわかってしまった子にとっては，予習が無駄になるかと言えば，実践校を見ている限り，そういうことはまずありません。そういう子にとっては，教師の説明によって，ポイントをつかんだり，定着を促すことになるので，「わかりすぎてつまらない」という不満は出ないものです。

また，それだけ理解が進んだ子どもには，理解確認の場で，上手な説明ができたり，教える立場になって活躍してもらうこともできます。これは，本人にとっても，教えられる立場の子にとってもプラスになることです。

予習でスタートラインをそろえるというより，スタートラインを少しずつ前にずらして，授業全体の習得レベルを上げるというようにとらえていただくほうがいいでしょう。

●教師の説明

Q4 教師の説明の時間がいつも長引いてしまうのですが，どうすればいいでしょうか。

　OKJの導入期には必ずといっていいほどよくある悩みです。授業を見学していると，1つのパターンは，「教師がこと細かく説明しすぎて時間が足りなくなる授業」です。子どもが間違えないようにと思って，細かいことを長々と注意しても，あまり頭には入っていかないものです。時間をかけたわりに，効果のない説明になりがちです。

　もう1つのパターンは，「子どもに引っ張られすぎる授業」です。問題解決型授業の名残で，「大事なことは子どもの口から言わせたい」と思うと，遠回しで誘導的な発問が多くなり，なかなか子どもから出てこないと長引きます。また，子どもが本題から離れた発言をしたとき，それに深入りしていると，周りの子どもにとってはわけのわからない授業になります。

　まず，自分の授業のビデオを見て，なぜ長引いてしまうのかを考えてみることが大切かと思います。授業中には気づかなくても，「こういうことを言っているから長くなるのか」と，客観的によく見えてくるものです。

　教師の説明を，コンパクトに，ポイントを押さえて，ただし，教科書だけではわかりにくいようなところは教材・教具の工夫を入れて，というのは確かに難しいことです。そのためにこそ，OKJでは，予習を入れるとか，教えたあとの理解確認や理解深化の場をもうけています。「教師の説明だけで完全にわからせようとしているわけではない」ということが重要です。

●理解確認

Q5 理解確認のとき，ペアで説明しあうように言っても，活発にやってくれないのですが。

　クラス全員の前で説明するのは緊張もするし，難しいでしょうが，ペア

であればあまり恥ずかしがらずに説明が始まることが多いものです。それでも，説明が起こりにくい場合として，「何をどう説明していいのかわからないから」ということがあります。

そのようなとき，まず，先生が説明のモデルを示すことが必要です。その際，あまり言い回しを形式ばったものにしないことです。ノートに書いた説明をただ読んだり，暗記して再生したりすることを求めているわけではありません。先生が説明の見本を見せるときに，表現が口語調だったりしてもいいのです。

ただし，大事なポイントは押さえるよう教示することです。たとえば，概念や用語を説明するときは，**定義**（言葉の意味）にあたることと，**具体例**を挙げることなどを指示します。歴史であれば，事件の経緯や因果関係などを，キーワードを指定して説明することを指示します。例題の解き方の説明なら，式をどう変形しているのかを指さしながら，などと指示します。

これは，一種の実技指導のようなものです。どういうふうに説明するのかのコツやポイントを示し，実際にモデルとして演示するということをやれば，説明のしかたそのものが学習されていきます。

● 理解深化

Q6 理解深化課題をつくるのが難しくて悩むのですが，何かコツがあるのでしょうか。

日常的には，教科書の発展問題や，問題集からとってくるということでいいのですが，時々は自分で問題を考えてみるということもぜひやってほしいものです。まず，自分自身が子どもだったときに「ここは難しかった／こんな誤解をしていた」というようなことを取り上げて問題にすることが考えられます。また，教師としての経験から，多くの子どもがよく間違えたり，困難を感じるような問題を出すこともあります。

発展的な問題を出すには，「教科書はここまでだが，さらにここまでわかってくれるといい」というように，**一般化**や**拡張**をすることが有効です。理科を例に出すと，「アルミニウムが塩酸に解ける」ということが教科書

にあるなら，理解深化では他の金属でも試して，「解ける金属と解けない金属がある」という深い理解に導きます。てこのつりあいで，教科書では左右におもりが1か所ずつの場合のルールだけならば，理解深化では「複数のおもりがいろいろな場所に下がっているときの拡張したつりあいルールを発見させる」というようなことです。

理解深化課題は，児童生徒にとっては「先生から与えられた問題」ですが，教師にとっては，「こんな問題がおもしろいのではないか」という課題設定をする「探究」と言えます。教師自身が疑問や好奇心を常にもつことが，強いていえば「コツ」になるのではないでしょうか。

Q7 自己評価が形骸的なものになってしまいがちなのですが。

自己評価としてどこに何を書くかというのは，実践校を見ていてもさまざまです。1時間あたり1〜2行しか書けない欄を並べたカードやシートだと，子どもたちは形式的に一言書くだけに終わってしまいます。また，教師の説明に出てきた「大切ポイント」や，最後に教師が「まとめ」として板書したことをそのまま写すだけになっているクラスもあります。こうした記述が，いかにも儀式的で形骸的なものにあたります。

自己評価のとき，どのような教示をするかが重要です。「今日の授業で自分にとって大切だと思ったことを書きましょう」と言えば，教師が書いたポイントを写すものではなく，自分の気づきを書くものであることが伝わります。また，あとで自分が読んで役に立つような内容を具体的に書くほうがよいこと，よくわからないことも書き留めておくことも促したいものです。

いったい何をどう書いたらいいのかわからない子どもも少なくありません。発表してもらった中で，どこがいいのかをほめたり，学級通信でいい自己評価を例として紹介している先生もいます。また，中学校ですが，すぐれた自己評価を教室に張り出して共有している理科の先生もいました。自己評価の目的とそれに沿った具体例がわかるようにしたいものです。

● OKJ 全般について

Q8 OKJ の 4 段階は 1 時間で完結させないといけないのですか。

　必ずしもそうではありません。これまでに刊行された実践事例集や各実践校での指導案集を見ると，2 時間続きでの授業もあります。とくに，理科で実験が入ったり，社会科で調べ学習が入ったりすれば，1 時間ではなかなか収まらないこともあります。

　OKJ の趣旨は，「教師から基本的なことを教えて基礎知識を共有したうえで，思考やコミュニケーションを促す活動を入れる」ということですから，それが 2 時間に及ぶことがあっても差し支えありません。

　ただ，それ以上長くなって，教える時間が 1 時間，理解確認が 1 時間，…などとなってくると，児童生徒のほうも同種の活動が間延びして耐えられなくなる可能性があります。発達段階にもよりますが，習得目標をスモールステップにして，1 〜 2 時間の中で 4 段階を入れた授業構成のほうがいいと思いますが，それは教師の判断しだいです。

　なお，単元全体の流れを見て，単元前半は教師の説明に重点を置いた OKJ，単元後半は理解深化に重点を置いた OKJ にしているというところもあります。これも，教師の工夫しだいということになります。

Q9 OKJ で本当に成績が上がるのでしょうか。

　この 10 年間の実践校の様子から，「日常的に OKJ が定着した学校では，2 年ほどで大幅に成績は向上する」ということは言えます。

　第 1 章 - 2 で紹介した沖縄県 A 市では，教育委員会が市内の小学校を徐々に研究指定して取り組んだところ，全国学力・学習状況調査で全国平均を越える学校が次々に現れ，8 年間の間に市の小学校全体が右肩上がりに向上していったというデータがあります。

　北海道 C 市では，道教委の学力向上研究校に指定された小学校が 2 年間で大きな成果を上げ，市内にも広がって全体的に学力が上がったという実績があり，ある学校での取り組みの様子が新聞でも紹介されました。

　底辺校と言われていた学校が全国平均を越えたとか，もともと全国平均

くらいだった学校が，県のトップクラスになったという事例は，他の都道府県でも多くあります。ただ問題は，「OKJ が日常的に定着すれば」ということと，「成果を上げた学校がその後も実践が継続するか」ということです。これについては，第4章で課題として取り上げます。

Q10　OKJ の成果は成績が上がるだけなのでしょうか。

　OKJ を導入する学校の動機は，「なんとか成績を上げたい」という場合が多いものです。しかし，私たちが提唱してきた実践は，認知カウンセリングにしても OKJ にしても，「学習方法や学習意欲の向上を図って，学習者の自立を促す」ということをめざしています。これは，本章3 - 3でも触れたことですが，大切な点ですので，再度強調したいと思います。

　たとえば，「予習－授業－復習」という学習サイクルを身につけること，理解を伴った深い習得をめざすこと，メタ認知を促すことなどです。成績の向上は，あくまでもそうした日常的な教育活動・学習活動の結果です。成果を上げている実践校では，それらをかなり意図的に子どもたちにも示し，「OKJ によって学び方を学ぶ」という趣旨を徹底しています。

　もちろん，最終的には，自分の学び方は自分で工夫して身につけていくものですが，OKJ で推奨している，予習，他者への説明，協働学習，自己評価などは，極めて基本的なもので，社会に出てからの学び方のベースになります。こうしたことは，**学力の3要素**の1つである「主体的に学習に取り組む態度」として，中教審や文部科学省でも取り上げられるようになっていますが，これも詳しくは第4章で触れることとします。

ここで挙げた質問以外にも，OKJ に関する Q & A（計19項目）が OKJ の Web ページの中で資料として掲載されています。

　　http://www.p.u-tokyo.ac.jp/lab/ichikawa/ok-shiryo.html

これは，2010年に岐阜県大垣市と岡山県玉野市で行われた教員研修で，事前に出していただいた質問に対して私（市川）が回答として配布したものです。引用や転載は自由ですので，研修などでお使いください。

OKJのPDCAと授業力

第**4**章

OKJの
拡がりと課題

　この章ではまず，近年の教育界がどのように変化してきたか
を概観します。ここ２回にわたる学習指導要領改訂の審議には，
私自身も中教審の委員として参加し，OKJの実践があってこそ
の発言をしてきました。その趣旨が，中教審答申や学習指導要
領に生かされてきたことがわかっていただけると思います。

　次に，この10年あまりの経験から，OKJがうまく浸透して
成果を上げた学校の特徴をまとめてみました。また，継続して
いる年数によって，生じる悩みや課題も違ってきます。それぞ
れに応じた対応策についてもまとめました。関連して，教師の
多忙化への改善策として注目されている「働き方改革」とOKJ
がどう両立できるものなのか，という今日的な課題にも触れて
います。

　最後には，前向きの話として，OKJを支援・促進するため
の活動やしくみについて紹介しています。学校内だけの努力で
OKJの研究や実践を続けていくのは，たいへんなこともたくさ
んあります。まだまだ十分ではありませんが，これからも，こ
うした連携・協力を充実させていければと思います。

教育界の動きとOKJ

　本書第1章−1では，OKJ の生まれた背景として，従来の授業に対する問題意識があったことを述べました。一方では，日本の悪しき伝統とも言える解説中心の伝達型授業があり，他方には 1990 年代から広まった自力解決偏重の授業があったということです。

　教育界の中では，この2つの両極の考え方が昔から存在し，大きくゆれ動いたり，あるいは，高校では前者，小学校では後者といったすみ分けが図られたりしてきたと言ってもよいかと思います。では，その後，教育界がどのように動いてきたか，その中で OKJ がどのような役割を果たしたかということを見ておきたいと思います。

ゆとり教育，学力低下論争，から「確かな学力」へ

　1990 年代に，中教審，文部省は**ゆとり教育**に大きくシフトし，教師から教え込むのではなく，子どもたちの自力解決や協働解決を重視する方針になりました。これは，とくに小学校教育に大きな影響を与え，「新しい学力観」「指導より支援」といったフレーズとともに，教師が教えるのは，古いこと，悪いことのような雰囲気が広まっていきました。私が，認知カウンセリングの場で児童生徒の声を聞いたり，学校の授業を見学に行くようになったのは，ちょうどそのような時期でした（第1章−1参照）。

　1998 年の学習指導要領改訂は，「ゆとりの集大成」と言われ，週5日制の完全実施，必修授業時数や指導内容の大幅削減（俗にいう3割削減），「総合的な学習の時間」の導入などが行われました。ところが，すぐ翌年から，**学力低下論争**が起こり，学力の低下や格差がすでに生じていることが指摘され，このような教育改革の動きに歯止めがかかるようになります。学力低下を示すデータがしだいに提示されるようになると，この指導要領が全面実施される 2002 年度には，文部科学省も，「ゆとり」という言葉をいっさい使わなくなり，**確かな学力**や学力向上をスローガンにするようになっ

てきました（コラム 4-1 参照）。

　しかし，中教審や文科省は，「知識注入」「偏差値教育」「受験戦争」と言われるような教育に戻して教科学力の回復を図りたいと思ったわけではありません。当時のキーワードにもなった「新しい学力観」「生きる力」「人間力」「キャリア教育」などの趣旨を生かしながら，なんとか基礎学力との両立を図ろうと，次の学習指導要領改訂に向けて議論をはじめていました。私が，中教審の教育課程部会に参加したのは，2001 年からですが，このときから折に触れて，「習得と探究のバランス」「習得学習での教えて考えさせる授業」などの話題を会議の場でもプレゼンしてきました。

　この折衷的とも言える提案は，かなり取り入れられ，2005 年の中教審答申から，「習得型と探究型の教育（のちに，**習得・活用・探究**）」「教えて考えさせる教育（のちに指導）」などの表現となって表れています（コラム 4-2 参照）。教師が教えることに躊躇する傾向が学校現場に根強く残っ

📌 コラム4-1　確かな学力

　「ゆとりの中で生きる力を育む」というのが，1990 年代後半における文部省のスローガンだった。それが結実したのが，1998 年の学習指導要領改訂になる。しかし，2001 年に省庁再編されたばかりの文部科学省内では，ゆとり教育の行き過ぎに歯止めをかける動きがすでに出ていた。この指導要領が全面実施される 2002 年には，1 月に当時の遠山敦子文科大臣が緊急アピール「学びのすすめ」を発表し，放課後学習や家庭学習をも含めた学習の大切さを強調している。

　このころから，中教審や文科省は，「生きる力」を「変化の激しいこれからの社会を生きる子どもたちに身に付けさせたい『確かな学力』，『豊かな人間性』，『健康と体力』の 3 つの要素からなる力」とより明確に定義するようになる。その中の「確かな学力」とは，「知識や技能はもちろんのこと，これに加えて，学ぶ意欲や自分で課題を見付け，自ら学び，主体的に判断し，行動し，よりよく問題解決する資質や能力等まで含めたもの」とし，教科の基礎学力だけではないことに注意を促している。その流れが，2007 年の学校教育法改正，2008 年の学習指導要領改訂にもつながっていくことになる。

OKJの拡がりと課題

ており，それが学力低下の一因ともなったという反省から，2008年1月の中教審答申では，

> 「自ら学び自ら考える力を育成する」という学校教育にとっての大きな理念は，日々の授業において，教師が子どもたちに教えることを抑制するよう求めるものではなく，教えて考えさせる指導を徹底し，基礎的・基本的な知識・技能の習得を図ることが重要なことは言うまでもない。(p.18)

というかなり強い表現となって盛り込まれました。その直後の3月には，答申の趣旨に沿って学習指導要領が改訂されています。

2007年から**全国学力・学習状況調査**がはじまって，学校や自治体で学力に対する危機意識が高まったことや，2008年に『「教えて考えさせる授業」を創る』が刊行されたこともあって，教えることと考えさせることを組み合わせつつ習得を図るという授業方針は，学校や自治体によっては着

コラム4-2　習得・活用・探究

　習得，活用，探究とも，もともとは日常的な言葉であり，どのような意味かは人によって違うところがある。中教審答申や学習指導要領でも，明確に定義されているわけではないので注意が必要である。私（市川）が，学力低下論争の1つの落としどころとして，「習得と探究の学習サイクルのバランスとリンク（結び付き）」ということを提案し，中教審でも説明したときの定義は，「習得とは，既存の知識や技能を身に付ける学習」「探究とは，児童生徒が自分の興味関心に沿ってテーマを選び追究する学習」ということだった（市川，2002）。

　のちに，中教審の中で，「活用」という言葉が習得と探究の間に入ってきた。それ自体は非常にいい言葉だと私も思ったが，ここであらためて，言葉の意味が委員の間でも違うことや，答申の中でも多義的になっていることがわかってきた。これらの経緯は，市川（2019b）で解説している。言葉の定義上の問題であり，想定している学びのあり方が大きく違うわけではないのだが，教育書などを読むときには注意が必要である。

実に広まり，その実践は学力面，学習意欲面で大きな効果を生んできています。それが，「OKJの第1の波」と呼んだものです。しかし，一方では，授業は，「教師が教えない」というスタイルのまま，放課後学習やドリルを集中的に行って基礎学力不足を補っているというところもあったようです。これでは，深い理解を伴う習得にはならないし，ましてや，高い探究にも届きません。ただ，全体としてみれば，OKJはやはりマイナーな存在だったと言えます。

アクティブ・ラーニングの導入をめぐって

　2014年11月に下村文科大臣（当時）が中教審に次期学習指導要領に向けての改訂を諮問してから，**アクティブ・ラーニング**（以下，ALと略記）が教育界では大きな話題になりました。中教審の審議では，**キー・コンピテンシー**や**21世紀型スキル**という今日的なキーワードも受けて，改訂の方向性として「教科等横断的に資質・能力を育成する」ということが打ち出されました。なかなか変わらないと言われてきた高校も，「これからは大学入試も変わる」ということで大きな関心をもつようになります。

　しかし，ここで問題になったのは，ALとは何をさすのかということでした。下村文科大臣から中教審への諮問の中で「…課題の発見と解決に向けて主体的・協働的に学ぶ学習（いわゆる『アクティブ・ラーニング』）…」という表現があったことから，一時は中教審の議論も引きずられて，探究的な学習のみを思わせるような記述がなされ，社会的にも広まってしまったところがあります。

　アメリカの大学教育に端を発し，中教審でもまずは高等教育部会からの答申『新たな未来を築くための大学教育の質的転換に向けて』（2012年8月）で言及されたALは，「教員による一方向的な講義形式の教育とは異なり，学修者の能動的な学修への参加を取り入れた教授・学習法の総称」とされ，「発見学習，問題解決学習，体験学習，調査学習等が含まれるが，教室内でのグループ・ディスカッション，ディベート，グループ・ワーク等」（p.37，「用語集」より）というかなり広い意味でした。

　習得の授業でも，講義形式の授業だけではなく，教師から説明されたこ

OKJの拡がりと課題

とをペアや小グループで説明しあったり，わかりにくい点を出して教え
あったりする活動はあってよいはずです。また，練習問題を小グループで
協働解決して発表や討論を行う活動もあるでしょう。つまり，インプット
による学習と対比して，思考してアウトプットするという学習活動という
のがＡＬの本質的な特徴です。そこで，2016年の中教審答申で「ALの視点」
とされた**主体的・対話的で深い学び**は習得・活用・探究の全体にわたるも
のであるとされています。この「深い学び」の例としては，「深い理解」「情
報の精査と考えの形成」「問題の発見と解決」「思いや考えを基に創造する
こと」が答申に掲げられていますが，この「深い理解」というのは，まさ
に知識・技能の習得において求められることです。

教授と活動のバランスの重要性

　教師がある程度共通な基礎知識を子どもに与えずにいきなり AL 的な活
動を行っても，それに参加できない子どもが出てきたり，授業が終わって
も理解が不十分だったりして，結局，全体としては学力保証にも深い学び
にもなりません。中教審や文科省の中でもそうした懸念はあり，答申の中
では，「活動あって学びなし」に陥らないよう注意を喚起しています。や
やもすると，児童生徒に活動させることばかりが強調され，教師が指導す
ることへの抑制が再び生じるのではないかということです。AL という用
語よりも，「主体的・対話的で深い学び」という表現が使われるようになっ
てきたのも，まさに，「ただアクティブにすればよい」のではないことを
より強調し，その趣旨やねらいを明確にするためと考えてよいでしょう。
　活動ばかり重視する偏ったとらえ方にならないよう，2016 年 12 月の中
教審答申では，教師の教授行動と学習者の活動とのバランスが随所で強調
されています。たとえば，

> 質の高い深い学びを目指す中で，教員には，指導方法を工夫して必要
> な知識・技能を教授しながら，それに加えて，子供たちの思考を深め
> るために発言を促したり，気付いていない視点を提示したりするなど，
> 学びに必要な指導の在り方を追究し，必要な学習環境を積極的に設定

> していくことが求められる。そうした中で，着実な習得の学習が展開
> されてこそ，主体的・能動的な活用・探究の学習を展開することがで
> きると考えられる。（p.52）

のような一節です。当然のことのように見えますが，指導，教授などの言葉が堂々と入っているのは，1990年代の教育界の雰囲気から見ればずいぶん変わってきています。

2017年3月には学習指導要領が改訂されますが，その年の11月には，「新学習指導要領の周知のポイント」として文科省教育課程課が次のように注意を喚起しています。

〇新しい学習指導要領の周知におけるポイント（案）について
（2017年11月13日中教審教育課程部会（第104回）配布資料）
□「主体的・対話的で深い学び」の視点からの授業改善について
〔ポイント〕
・単元・題材のまとまりなどを見通して，「教師が教える」場面と「児童生徒に考えさせる」場面など，全体のバランスをとる「授業デザイン」が重要。
※「教師が一方的に教えてばかりの授業」も「教師が教えずに児童生徒主体の活動ばかりの授業」も，いずれもバランスを欠くおそれがある。
https://www.mext.go.jp/b_menu/shingi/chukyo/chukyo3/004/siryo/attach/1398501.htm

---

OKJがはじまったころ，まだALという言葉は使われていませんでしたが，こうして見ると，OKJというのは，習得の授業の中に，すでに先導的にALを取り入れてきたものと言えます。あるいは，OKJの考え方や実践については，私も審議の場でプレゼンや報告をしてきましたので，それが取り入れられたとも言えます。もちろん，中教審答申や学習指導要領がOKJの授業設計そのものをずばりと指しているわけではありませんが，基本的な考え方は軌を一にしているということです。こうして，今回の改訂の前後から，新たにOKJを導入しようという学校や教育委員会が増えてきました。これが「OKJの第2の波」になります。

OKJの拡がりと課題

第4章 - 2

学校の取り組みの成否

　こうした教育界の動きと相まって，この10数年間，OKJに関する教育委員会主催の講演会や校内研修に呼ばれることがしだいに増えていきました。とくに2008年以降は，教育委員会等が管轄下にある全教員を動員するような講演会が年に数回あり，大きなものは参加者1000名を越えます。

　講演を聞いた先生の中から，「うちの学校で取り組んでみたい」というところが現れ，個別の学校に関わることが増えていきました。中には，OKJの本を読んで声をかけてくれる学校もあります。もちろん，全国の学校数を考えればけっして多くはありませんが，これまで私が校内研修に行った学校は300校くらいになります。1回だけの学校もあれば，継続して10年間通った学校もあります。

　すると，OKJを導入してかなり成果を上げる学校もあれば，なかなか困難な学校もあることがわかります。ここでは,取り組みの成否について，私のこれまでの経験をまとめていきたいと思います。

うまく導入するための要件

　どの教員にもそれまで各自がもっている授業観や授業スタイルがあります。学校の中でもそれは教員によりさまざまですから，OKJを導入すると学校が決めても，最初から納得して取り組む教員と，そうでない教員とが必ずいるものです。このような教員間の温度差を克服できるかどうかが，OKJがうまく導入できるかどうかの最大のポイントです。

①推進リーダーとそれを支える管理職

　導入がうまくいく学校には，必ず推進リーダー（通常は研究主任）と，それを支える管理職（通常は校長）がいます。いくら校長が講演で話を聞いたり，本を読んだり，他校の実践を見たりして，「本校でもOKJを導入したい」と思っても，1人では空回りしてしまいます。

学校の中で，最初は1人でも OKJ について強い興味をもち，自分でも率先して授業を公開し，校内研修をリードしてくれる教員が不可欠です。その先生が OKJ のよさを自らの授業を通して伝えてくれれば，校内での機運は急速に高まっていきます。

逆に，教員のほうから OKJ をぜひ導入したいと思って，校長にはたらきかける学校もありました。孤軍奮闘で OKJ を実践している熱心な先生もたくさんいますが，校内で取り組むことによって，授業づくりや授業検討も活発になります。そのとき，校長が OKJ をバックアップしてくれる姿勢を見せるかどうかが，活性化のポイントになります。

② OKJ の趣旨の共通理解

教員間に温度差がある場合，OKJ の趣旨が伝わらないと，「要するに，4段階の指導案を書いてその通りやればいいのですよね」ということが多く起こります。また，仮に他校の授業ビデオを見たり，推進リーダーのデモ授業を見たりしても，その一部の特徴だけを見て，「OKJ とはそういうことをする授業なのか」というように誤解してしまうこともあります。

第1章−4で，OKJ のコア，プラスα，プラスβというような説明をするようになったのは，私にとってもごく最近のことです。それまで，はっきりした言葉でそういう説明をしてこなかったので，プラスβの入った授業を見て，それが OKJ に必須の特徴（コア）であるかのような誤解が生まれるということが多々ありました。これは，校内研修の中で，お互いにぜひ注意しあってほしい点です。

③実践を日常化するしくみ

「OKJ は，研究授業のときだけやってみるという『よそ行きの授業』ではなく，日常的に行う『普段着の授業』なのだ」ということは，かなり初期から言ってきました。とはいえ，まだよく OKJ のことを知らない先生が校内に多かったり，OKJ に対する態度も教員間でさまざまという状態では，日常的に行うのは難しいものです。

少し慣れてきた学校では，**OKJ の日常化**ということを大きなテーマに

しています。教師にとって大きな役割を果たすのは，第3章－1で述べた**授業構想シート**です。習得の授業は原則として OKJ で行うこととして，簡単でもいいので書き込んでいくと，2，3か月で習慣化し，「OKJ で授業の組み立てを考えるほうがずっとやりやすい」という感じになるようです。また，職員室でも，OKJ の枠組みに沿って，授業の話がよく出るようになったと言われます。

児童生徒の慣れとして，4段階のボードを使って，OKJ の授業進行を意識させるということがよく行われます。小学校だと，「知っておこう」「確かめよう」「深めよう」「振り返ろう」などの柔らかい言葉にしています。教師も生徒も，共通した授業進行の枠組みをもち，それぞれの段階ではどういう活動をするのかがわかってくれば，普段の授業がスムーズに進めやすくなります。

④全員参加の授業検討会

授業検討会での議論が，ベテラン教員からのコメントだけになったり，一部の活発な教員同士の議論になったり，ある教科の専門的な話題に限定されたりしてしまうと，OKJ に対する参加者全員の理解が深まっていくことになりません。第3章－3で紹介した三面騒議法による授業検討会は，その授業の改善案を出しあうということ以上に，学校全体が OKJ について理解し，各自の授業づくりにも生かしていくための場です。

とくに，中学校・高校で，教科の専門性が高くなっていくと，通常は教科の壁が厚くなり，他の教科の授業に口を出しにくくなるものです。他教科の教員は，自分が生徒になったつもりで，わかりやすかった点，わかりにくかった点を述べたり，自分の授業でも取り入れられそうな工夫，この授業でも使えそうな工夫を出しあうことで，1つの授業から学びあう雰囲気が生まれます。

⑤他の実践校，実践者との交流

1つの学校の中だけで，授業研究を進めていると，OKJ についてのイメージが非常に偏ってしまうことがよくあります。OKJ の趣旨や使われる手

法が，その学校独自の進化をとげるという現象です。これも，第1章－4で述べたコア，プラスα，プラスβにかかわることです。

　OKJがどのようなものか，基本的なことを理解したうえで，その学校や各教員独自のバリエーションができて進化していくのはよいことです。しかし，導入して間もない状態で，まだ多くの教員が理解できていないまま，偏ったものに固定されてしまうのは考え物です（コラム4-3参照）。場合によるととてもOKJとは言えないものになっていることもあります。

　そのためにも，他校の研究授業を見学したり，全国的なセミナーに参加するという交流が重要かと思われます。何がOKJの本質的特徴なのか，どこに自由度があるものなのかが，わかるでしょう。また，交流してみた経験は，ぜひ校内で他の先生方にも伝えていただきたいと思います。

短期校，中期校，長期校の悩みと対応策

　OKJが学校に浸透し定着していくためには，導入期だけが重要なのではありません。むしろ，それ以上に難しいのは，どうやって継続していくかということです。せっかく導入して，2年ほどで高い成果を上げたとしても，その後うまく続いていくとは限りません。

　2019年8月に東京大学で行われた第12回「教えて考えさせる授業」セ

コラム4-3　授業の雰囲気とめざす子ども像

　これは地域や学校の特色もあるので，一概には言いにくいが，OKJというのがどのような授業の雰囲気や，めざす子ども像を描いているのかも重要な点である。これまで，本には直接書いてこなかったが，「規律ある中にも，のびのびとした対話や表現活動」のある授業が大切だと私は思っている。

　はじめての学校に行ってみると，子どもの発言や対話がほとんどない「お通夜型」，皆が一斉に声をはりあげて同じことを復唱する「軍隊型」，小グループなのに司会を立てて手をあげた子が形式的に発言する「議会型」などを見かけることがある。型自体は授業のスタイルなのかもしれないが，それで「主体的・対話的で深い学び」になっているのかどうか，という点から見直してほしい。

111

ミナー（通称，OK セミナー）では，「OKJ 導入の短期校，中期校，長期校の悩みと対応策」というテーマのパネル討論会を開きました。ここでは，そこで出た事例も含めて，それぞれの課題をまとめていきます。

①導入短期校の課題

　導入後 1 〜 2 年の短期校では，前述したように，「OKJ の趣旨やイメージをどう共有するか」ということが最大の課題です。要するに，何を大切にした授業なのかということです。本書第 1 章 - 3 や 4 で OKJ の特徴として強調したことですが，

・深い理解に向けて，教師の説明や児童生徒への課題を工夫すること
・教授と活動のバランス，メリハリに配慮すること
・対話的・協働的な学びとして，相互説明や協働解決を入れること
・メタ認知の育成，つまり自分の理解状態の診断と改善を促すこと

などがしっかりと共有されているかが重要です。

　そのためには，これも随所で述べてきましたが，

・共通知識として，OKJ の資料，書籍，授業ビデオなどを見ておくこと
・推進リーダーが解説したり，質問に応じたり，デモ授業を自ら見せること
・それぞれの教員がやってみた授業を，三面騒議法で検討しあうこと

などが大切です。

　実践の成果は，いきなりすぐにテスト得点の向上という形ではなくとも，数か月間続けていれば，次のような子どもの変化として現れるはずです。

・予習の習慣がつく
・教師の説明を集中して聞くようになる
・理解確認での相互説明をすぐにはじめ，しっかりした説明ができるようになる
・理解深化課題に意欲的に取り組み，話しあいや発表に慣れてくる

> ・自己評価の振り返りが具体的に書けるようになる

　こうした子どもたちの変化を見ると，先生方も実践の手ごたえを感じると思います。さらに，ときおり，テストや子どもへのアンケートなどで，成果を押さえていくこともちろん大切です。

②導入中期校の課題

　OKJ を導入して成果のあった学校では，もっと継続していこうということになり，3〜5年目くらいの中期校となります。技術的な問題はかなり克服されて，「4段階の時間配分がうまくいくようになった」「理解確認で子どもたちがうまく説明できるようになった」というようになり，校内でOKJ を進めていくという合意もかなりとれた状態になります。

　しかし，内容的な意味で，うまく軌道に乗れる教員と乗れない教員の差が拡大する時期でもあります。教師の説明の工夫，理解深化課題の選択・考案の難しさなどです。また，公立学校では，20〜40％ほどの教員が異動によって新しく入ってきて，OKJ に慣れた教員が少なからず転出していきます。これをどう乗り切って継続を図るかが，大きな問題になります。

　とりわけ，校長や推進リーダーが転出してしまったときは，最大の危機と言えます。新校長がOKJ とは違う教育方針をとるかもしれませんし，適切な方が新しい推進リーダーなってくれるかどうか。人事がどうなるかは私にはまったくわかりませんので，新しい年度にキーパーソンの異動があった学校に行くときには，非常に緊張します。実際のところ，それをきっかけにOKJ から撤退したり，下火になってしまう学校もあるのです。

　うまく継続できた学校というのは，やはり新校長や推進リーダーが重要な役割を果たすことは言うまでもありません。ただし，導入短期校の場合と違う有利な点として，

> ・他の教員たちも OKJ を実践し，新任者をサポートしてくれること
> ・それまでの指導案や授業ビデオの蓄積があること
> ・三面騒議法のやり方が浸透していて，そのよさが伝わること

などです。すでに慣れた教員たちは，より発展的な OKJ をするようになり，新任者も巻き込むことができれば，学校として最も充実し，成果も上がる時期になります。

③導入長期校の課題

　OKJ を導入して 6 年目以上の学校を便宜的に長期校と呼ぶことにします。この時期は，OKJ が成熟した状態になって，完全に定着するようになるか，というと残念ながらなかなかそうはならないことも多いのです。これは公立学校の宿命とも言える，教員の異動に起因するところが大きいと私は思っています。

　導入してから 6 年目ともなると，最初に導入したときの教員は，管理職や主任も含め，ほとんどいなくなっています。残っている教員もいるかもしれませんが，少数派になっていて，「なぜ OKJ を導入したのか」「OKJ の導入によって学校がどう変わったのか」という実感のない新任教員が増えていきます。

　導入時には，全員がまだ OKJ についてよくわからないまま，「現状を変えるために，取り組んでいこう」という一体感があったわけですが，数年経過して「一部の OKJ ベテラン教員」と「多数の OKJ 初級者教員」という構成になってしまうと，いっしょに研究していこうという雰囲気がなくなり，「この学校に来たら，OKJ というものをやることになっているらしい」というような感じにもなりかねません。しかも，そういう感覚をもつ教員が同僚にもいるのですから。

　これをどう克服していくかは，OKJ にとって大きな課題で，むしろこれからの 10 年で考えていく問題とも言えるでしょう。私自身は，OKJ を学校のテーマとして掲げなくても，ごく普通の授業設計論として自然に定着していればよいと思っています。つまり，長期校では，OKJ 研究を卒業して，それは当たり前のものとして浸透し，何か別の新しい研究テーマを追究するのはありうることです。

　しかし，異動の多い公立学校では，前述したような異動に伴う継続の困難が生じ，OKJ 卒業というより，「OKJ 中退」になってしまうこともあり

えます。それを避けるには,

> ・成功した中期校のような,OKJ の引継ぎ策を校内でしっかりとること
> ・教育委員会が,学習指導要領の趣旨も踏まえた研修を継続的に行っていくこと
> ・学校を越えた OKJ の研究組織をつくって,連携・協力しあっていくこと

などが必要ではないかと考えています。こうしたことがうまくいっていれば,周辺の学校にも OKJ が普及し,長期校はその中で拠点校として実践が高まっていくのではないでしょうか。ただ,これが本当に効果を発揮するのかどうかは,まさにこれからのテーマと言えます。

④学校としての取り組みの具体的紹介

第2章-1では,OKJ の授業例を紹介する書籍を紹介しましたが,それらの書籍を含めて,学校としての取り組みを紹介したものがあります。地域も導入時期もさまざまですが,導入の経緯から始まり,それぞれの学校がどのような体制づくりをして研究を進めてきたかが具体的に報告されていますので参考にしてください。

『教えて考えさせる授業の挑戦』(市川伸一編,明治図書,2013)

　小学校4校,中学校2校の報告が掲載されています。

『最新　教えて考えさせる授業　小学校』(市川伸一・植阪友理編,図書文化,2016)

　授業事例のほかに,小学校4校の取り組みが掲載されています。

『授業からの学校改革』(市川伸一編,図書文化,2017)

　小学校4校,中学校2校の報告が掲載されています。

「働き方改革」の中での OKJ

OKJ を導入し,継続していくのに,**教員の負担感**という問題が生じます。その理念や授業設計の方法については納得し,学力が上がるということま

で確信しても，OKJを続けていくのはとても大変だと感じる先生方もいるでしょう。それは，最近とみに言われるようになった**教員の働き方改革**と密接に関係することです。つまり，授業とその準備，校内業務，部活指導，生徒指導などで教員は極めて多忙になっていて，大幅な勤務時間の超過が常態化している。しかも，ほとんどの学校では超過勤務手当は支給されません。そのようなときに，授業改革をやろうとしても，「そのような時間はとてもとれない」ということになります。

それは，何もOKJの導入に限ったことではなく，新学習指導要領で言われているような教育改革すべてにあてはまることです。教科等横断的な資質・能力の育成，カリキュラム・マネジメント，3観点の学習評価への対応，ICTの活用，小学校での英語必修化やプログラミング教育などなど，今求められていることは山のようにあります。さらに，中学校や高校では，受験のために進度を速め，多くの演習時間を確保しなくてはならないとなると，OKJで授業改善を図る余裕がとてもない，ということになるのは無理もありません。

働き方改革の中で，OKJをどう進めるかという問題に対する特効薬的な解決策がすぐにあるわけではありませんが，ここでは，実践校の様子などを参考にしながら，教師の負担を軽減する方法を考えていきたいと思います。

①予習

予習の役割は，それぞれのスタートラインを少しずつ前にずらし，授業内容をわかってくれる子どもを増やすことであると述べました。授業がよくわかるようになってくれれば，いろいろな意味で教師の負担は減ることになります。また，「なかなか予習をしてくれないという子どもたちを，どう指導していくか」ということもQ＆A（第3章−4）で述べてきました。

ここで，教師の負担という意味で問題になるのは，あまりにも熱心に予習のチェックをしてしまうことです。事前に重い課題を出して，ノートを提出させたり，場合によるとコメントをつけて返却しようとする先生も少なくありません。「予習を課したからには，やったかどうかを点検しなく

てはいけない」という考えのようですが，負担は大きくなります。

　子どもの意識が，「予習を出されたからやる」というのではなく，「予習をしておくと自分のためになる」に移行することが重要です。

> ・授業のはじめに，わからないという箇所を教師が見回って説明に生かす
> ・わからなかった用語を子どもから挙げてもらう
> ・教師の説明のときに，予習内容についての質問を入れる

などのチェック方法なら教師にはほとんど負担になりません。

②教師の説明

　授業中に教科書を活用するようになれば，時間が短縮され，より深い説明が可能になります。教科書の拡大コピーを黒板に貼ればすむところは，それですませることができます。とくにわかりにくいところには，その拡大コピーにメモを入れて補足したり，教材・教具を新たに用意することはあるでしょうが，教科書と同じ説明を手書きで板書したり，掲示物にしたりする時間はかなり省力化できます。

　教材・教具やワークシートを，すべての教師が毎時間新たにつくるのが大変であれば，今は，ファイルとして蓄積しておくことができます。本人が別の年度に使うこともあれば，他の教員がそれをアレンジして使うこともできます。ひと昔前であれば，教具の実物をずっと保管するのが大変でしたし，つくり直すことも容易ではありませんでした。せっかくつくったものが校内あるいは，教育委員会などで共有されていれば，授業準備も楽になるはずです。

③理解確認

　理解確認で児童生徒がお互いに説明するという活動をすることは，学習上非常に効果的であることを本書では述べてきました。これは，OKJ の「プラスα」の部分として重要な活動ですが，教師にはほとんど準備はいりません。「何を説明させるか」を考える必要はありますが，あとは，授業の

第4章

OKJの拡がりと課題

中で子どもの説明を聞いたり，うまく説明できない子どもに支援をしたりすることが主な役割です。

④理解深化

　最も負担が大きいと言われるのは，理解深化課題を準備することです。ただ，「理解深化課題がいつも大変だ」という先生に聞いてみると，毎回，自分で新しい課題を考えなくてはいけないと思い込んでいたりします。

　私も，自分がデモ授業をするときには，できればオリジナルな課題を考えようとしますし，他の先生の授業を書籍で紹介するときには，工夫されて特色のあるものを選んだりします。しかし，同時に，「普段の授業では，教科書の発展問題や，教育書，教育雑誌，問題集などから選べばよい」ということを必ず付け加えています。

　OKJ が「普段着の授業」である以上，無理をしすぎて続かなくなることは禁物です。ときどきは，自分で課題を考えてみるというので十分でしょうし，それほど負担にはならないだろうと思います。ただし，いい課題のあるネタ本のようなものを探したり，他の先生と情報交換して，課題のレパートリーを広げるためのアンテナを張っておくことは大切です。

⑤自己評価

　子どもの書いた自己評価を集めて，目を通すことは非常に大切です。それぞれの子どもがどういうことがわかったか，わかっていないのはどこかを把握するための役に立ちます。それはまた，「自己評価」とは言いながら，PDCA の Check（検討・評価）にあたる「授業評価」として使うこともできるものです。教師のほうは，よく理解させたと思っていても，全員の自己評価を見たら，肝心なところをわからないと言っていたり，わかったつもりで誤解を書いていたりすることもあるからです。

　ただ，ここでも予習と同じく，それぞれに毎回コメントを返したりすると，教師のほうは大変な負担になります。小学校でしたら，クラス全員へのていねいな対応も重要ですが，中学・高校では，いちおう目を通したうえで，必要な子には個別対応したり，次回の授業の中で取り上げたり，いい

ものを学級通信で紹介したり，といった取扱いで十分ではないでしょうか。

　今後，**主体的に学習に取り組む態度**を評価するにあたって，自己評価は確かに大事な素材になるでしょう（コラム 4-4 参照）。しかし，そこでも，細かいルーブリックのようなものでクラス全員の自己評価を毎回チェックしたりするのは負担が大きすぎます。とくによく書かれたものや，逆に，とくに問題のあるものをチェックしておき，個別指導に生かしたり，学期ごとに集計したりするのでいいのではないでしょうか。

　OKJ のそれぞれの段階ごとに，教師の負担を増やさないようにする方法を考えてきました。あらためて見てみると，OKJ というのは，授業も家庭学習も含めた**学び方改革**をめざすものだということがわかります。それがうまくいけば，児童生徒の学習は，量的にも質的にも改善が図られ，教師の負担も少なくなり，「働き方改革」にもつながるはずです。それが，実際にどうなっていくかは，今後の大きな課題になることでしょう。

📌 コラム4-4　これからの学習評価とOKJ

　学習指導要領が改訂されると，通知表や調査書の原簿ともなる「指導要録」も改訂されるのが普通である。私（市川）は，評価の研究が専門というわけではないのだが，中教審に設置された学習評価ワーキンググループの主査を務めた。今回の議論では，学習評価の目的を，「児童生徒の学習改善と教師が行う授業改善のため」と再確認し，指導要録だけに限定せず，評価全体のあり方を広く議論した。

　大きな変更点として，これまで4観点だった観点別評価を「知識・技能」「思考・判断・表現」「主体的に学習に取り組む態度」の3観点とし，高校にも求めたことが大きい。OKJ は，この3観点を意識した授業設計をしてきたはずであるが，具体的にどのような素材や情報を使って評価に結び付けるかは大きな課題である。とくに，理解確認や理解深化の場面での説明・討論・発表の様子，ノートやワークシートの記述や制作物，自己評価における自分の学習についての内省的記述，などを活用することが大きなポイントになるであろう。

OKJを支援・促進する活動

　OKJ が提唱されて実践校が増えてくると，それを支援したり，促進したりするための活動がいろいろ生まれてきました。ここでは，それらを紹介していきます。OKJ の動向や，他校の様子を知るうえでも参考にしてください。

┃ セミナーと研修会

　セミナーとして全国的なものは，毎年 8 月上旬に行われる「教えて考えさせる授業」セミナー（通称，**OK セミナー**）です。第 1 回は箱根，第 2 回は熱海で行われましたが，その後はずっと東京大学教育学部で開催され，2019 年に第 12 回を迎えました。定員は 70 名としています。OKJ に関する動向の解説，授業検討，指導案検討，パネル討論などが 1 日半かけて行われます。2014 年度以降は，NPO「学習支援研究機構」（代表：市川）の主催ということになっています。

　このセミナーの特徴は，なんといっても，学校種と教科の多様さです。小・中・高校の先生方が，教科を越えてビデオで授業を見て三面騒議法で活発な議論を交わす姿は，普通の研究会や学会ではそう見られないのではないでしょうか。見ていると，学校種も教科もまったくわからないほどです。実際に生徒を呼んでデモ授業をしたこともありましたが，最近は，2 人の授業者から授業ビデオを使って全員に解説してもらい，参加者はどちらかの授業を選択して三面騒議法で検討したあと，また合流して全体会を行うという形式にしています。

　岡山市と山口県美祢市でも，10 年ほど OK セミナーを行ってきました。2020 年度は，東京オリンピックのため東京では開催しにくいことから，全国 4 か所の地域で分散開催する予定でしたが，新型コロナウイルス感染防止のため,中止もしくはローカルな開催を検討中というのが,現在（2020 年 6 月）の状態です。オリンピックが 2021 年 8 月に開催になれば，本年

度に予定していた分散開催がその時期に実現するかもしれません。

　2年前から実施しているのが，**OKJ リーダーズセミナー**と呼んでいる
ものです。これは，学校の管理職，研究主任など，OKJ を推進する立場
にある先生方向けのもので，定員 20 人に絞っており，相互の情報交換や，
学校で研究を進めるにあたっての議論などをしています。本書の多くは，
私がそこで話した内容をもとにしています。

　そのほか，教育委員会，教育センター，民間団体などが企画する研修会
がときおり開かれています。私が参加するものは，次に述べる研究室ホー
ムページの中で日程を紹介しています。

ネットと授業ビデオ

　東京大学教育学部のサーバー上にある私の研究室ホームページは，定年
後にも継続利用が可能になっています。10 年ほど前から，この中に，「教
えて考えさせる授業」というコーナーを置いています。

　http://www.p.u-tokyo.ac.jp/lab/ichikawa/ok-toppage.html

　内容は，やや古い情報もあるので今後更新をしていくつもりですが，研
修素材としても使えるものは，使っていただければと思います。OKJ の
入門的解説，Q & A，セミナーや研修会のスケジュールなどが載っていま
す。

　電子メールでの情報提供や情報交換のためには，「OKネット」という
メーリングリストを作成しており，希望があればだれでもアドレスを登録
することができます。

　なお，実際に OKJ の授業ビデオを見てみたいという要望がありますの
で，学校や教育委員会に貸し出しをしています。2 か月間の期間限定で，「コ
ピーしたりネットにアップしたりしない」という制約がありますが，校内
研修等でお使いいただくことができます。本書第 2 章で紹介した授業も，
いくつかご覧いただけます。また，今後も，こうした授業ビデオを提供し
ていただいて，教科や校種が増えていけば，お互いに参考になるのではな
いかと思っています。貸し出しの申し込み先は，上記の研究室ホームペー
ジに出ています。

学習法講座

　OKJ を進めるにあたっては，児童生徒の学習観や学習方略との連動が不可欠です。もちろん，OKJ を通じて，深い理解を重視する学習観や，メタ認知を促す学習方略などが徐々に育っていくという面はあるのですが，日常的な教科の授業とは別に，より直接的にそのような働きかけをするために，私の研究室で 10 数年前から，大学院生たちといっしょに実施してきた**学習法講座**があります。

　学習法講座には，いろいろな内容のものがありますが，一般的には，認知心理学の基本的な内容をデモ実験などを通じてまず伝えます。たとえば，記憶がテーマであれば，単に反復するだけでなく，構造や意味を把握したり，情報同士を関連づけたりするとよく覚えられることを体験してもらいます。問題解決であれば，仮にうまく解けなくても，なぜ気づかなかったのか，何がポイントだったのかを，教訓として引き出しておくことにより，類似の問題にも応用できるようになることを心理実験を通して伝えます。

　そのうえで，教科の学習に近い素材を例にしながら，知識の関連付け，他者への説明，学んだことの明確な記述，予習のしかたなどの話にもっていきます。これらは，OKJ の中でまさに重視していることで，OKJ をこれから受ける生徒にも，すでに OKJ を受けてきた生徒にも，その裏付けとなる科学的な考え方を知ってもらうことにつながります。

　私たちがもともと，いろいろな中学校や高校で学習法講座を行ってきた

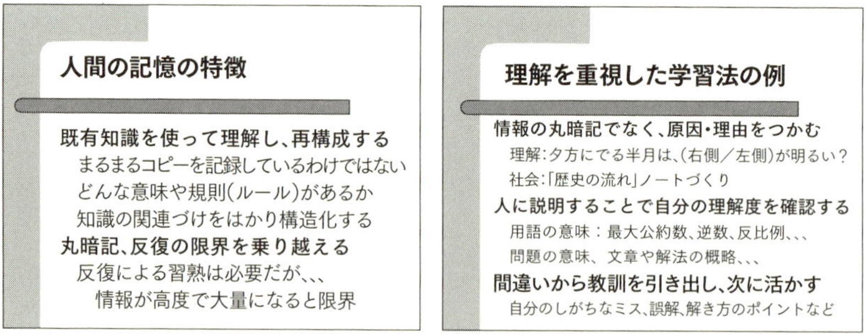

図 4-1　学習法講座の内容例

のは，直接生徒に働きかけることによって家庭学習の改善を図ってほしいという思いからでした。しかし，講座の時間はおもしろがってくれても，なかなか日常的な学習の変化には結びつかないことから，OKJ と連動させることによって，より効果的になるのではないかと考えるようになりました。実際に学習法講座の内容を日常的な授業でも具体的に示すことによって，学習法の変容に成果が見られています（コラム 4-5 参照）。

意味理解ワークショップ

本書ではくり返し，OKJ が深い理解をめざしており，そのために学習者自身が説明することを重視していることを述べてきました。学習法講座は，あくまでも学習者向けのものですが，指導者向けのものとして，最近，私の研究室の大学院博士課程の学生たち（福田麻莉，太田絵梨子，柴 里実）が自主的に実施している**意味理解ワークショップ**があります。

📌 **コラム4-5　学習法講座とOKJの連携**

学習法講座は，単独で行っても，なかなか日常的な学習場面の中に取り入れられにくいということを私たちも経験上実感してきた。そこで，山形県D市の中学校では，学習法講座に加えて授業でも継続した指導を行うという実践を行った（瀬尾，2019）。学習方略として教訓帰納（コラム 3-4 参照）を取り上げ，デモ実験では，パズル的な課題で教訓を引き出すと類似問題の解決に有効なことを経験してもらう。次に，計算上の工夫をするときのポイントやコツを引き出す方略練習をし，普段もこうした活動をするといいと促す。

OKJ の自己評価のときに，「わかったこと／わからなかったこと」を書くような働きかけを行うだけの群と，学習法講座を行ったうえでこうした働きかけを行う群とで，自発的に教訓帰納を行う生徒の割合が比較された。学習法講座と働きかけを組み合わせた群は，講座直後に教訓帰納に対する肯定的な評価が高いのはもちろんだが，テスト勉強などでも自発的に利用する行動が9か月後にも持続することがわかった。長期間の実施により，習慣化されて負担感が減るとともに，実際に効果があることをテストなどでも実感したためであろう。

これは，もともと認知カウンセリング（コラム 1-1 参照）をしてみようという人たちに対する研修の一環としてはじめられました。意味理解と説明を重視するということでは，OKJ もまったく同様ですので，少しアレンジして校内研修の中でも実施されるようになりました。

たとえば，最近行われた中学校での例を見ると，さまざまな教科の指導場面を素材にしながら，習得目標としてどういう理解をめざすのか，学習者の不十分な説明に対してどのように発問したり指導を入れるといいかを，教師が相互に出しあい，それを検討していきます。

深い理解をめざしたいという思いは，どの教師ももっているはずです。しかし，実際にはテストで，児童生徒がどのように理解しているかを把握する問題を出題したり採点したりすることは難しく，出された答えだけで評価することになりがちです。すると児童生徒のほうも，「答えさえあっていればいい」ということになってしまいます。

OKJ は，授業の中で，子ども自身が説明することを非常に大切にしています。説明しようとすれば，意味がよくわかっていなければならない。また，きちんとした説明ができるかどうかで，自分の理解状態が自己診断できる。教師の側も，子どもの説明を聞いて，理解状態を見取り，指導に生かすことができる。こうしたことを，意味理解ワークショップでは，あらためて先生方に実感していただき，OKJ を実施するのに参考にしてほしいという趣旨で，参加した先生方からも，「いい経験になった」という高い評価が得られています。

WORK① 中3英語「現在完了と過去形」

> 生徒のつまづき
学校の現在完了単元テストは満点だったのに・・・
（have＋過去分詞や3用法のことは知っている）

「どっちが現在完了でどっちが過去形なの？」

lived または have lived をいれなさい。
① I （　　　　　） in Japan
   five years ago.
② I （　　　　　） in Japan
   since 2015.

Q1. この授業で身につけさせたい理解（習得目標）
Q2. 子どもがどんな説明ができていればいいか？

一見良さそうな「まずい」説明

Q3. 一見良さそうな「まずい」説明のどこが不十分？

agoは「5年前」という意味だから、過去形。
sinceは「2015年以来」という意味で、現在完了形とよく使われるから、現在完了になる。

Q4. 理解確認でどんな発問をする？

図 4-2　意味理解ワークショップでの研修内容例

関連図書紹介

◆第1章

市川伸一編著（1993）『学習を支える認知カウンセリング ―心理学と教育の新たな接点』ブレーン出版

市川伸一編著（1998）『認知カウンセリングから見た学習の相談と指導』ブレーン出版

上記2冊は絶版のため，下記のページから無償でダウンロードできるようになっている。
　　　http://www.p.u-tokyo.ac.jp/lab/ichikawa/frame-1.htm

◆第3章

篠ヶ谷圭太（2019）「効果的な予習を実現するためには」市川（2019a）に所収

植阪友理（2019）「教訓帰納に着目した認知カウンセリング ―教科をこえた「学習方略の転移」はどのようにして起こるのか」市川（2019a）に所収

市川伸一編著（2019a）『教育心理学の実践ベース・アプローチ ―実践しつつ研究を創出する』東京大学出版会

◆第4章

市川伸一（2002）『学力低下論争』ちくま新書

市川伸一（2019b）「習得・活用・探究のプロセスと学力保証」東京大学教育学部教育ガバナンス研究会（編）『グローバル化時代の教育改革 ―教育の質保証とガバナンス』東京大学出版会

瀬尾美紀子（2019）「教訓帰納は学校でどう指導できるか」市川（2019a）に所収

おわりに

　本書の原稿は，2020年2月から書きはじめました。そして，その後新型コロナウイルス感染防止のために，3月から学校休校がはじまり，4月には全国に緊急事態宣言が出て，OKJの研修や講習はあい次いで中止となりました。私も，テレワークを余儀なくされ，テレビのコロナ関連ニュースを横目で見つつ，Eメールやオンラインでのやりとりをしながら，本書の執筆を進めていました。結果的には，当初の予定より執筆は順調に進み，早めに書き上げることができました。

　この休校の間に，学校では，これまで経験したことのない在宅学習を進めざるをえなくなりました。ICT環境に恵まれた学校や家庭では，オンラインのシステムを使って学校の先生からの配信や，塾などの講座を受けたりすることもできます。しかし，全国的に見れば，そうした環境にある児童生徒は1割にも満たないようです。教科書やプリントなどを使っての自学自習をせざるをえません。

　OKJの実践校の先生方とメールのやりとりをしていて，あらためて，こういう状況になってこそのOKJの意義を考えさせられました。これまでの日本の教育は，「授業の中で学ぶ」ということを大前提にしてきたのではないか。これは，一斉講義型であろうと，自力解決型であろうと共通です。一方，OKJの背景にある「学習サイクルのモデル」では，生活全体の中で学習するものであり，授業はその1つの場ととらえます。いわば「授業を使って学ぶ」という主体的，自立的な学習者像をめざしています。

　習得の学習における「予習－授業－復習」というサイクルでは，予習をして疑問をもって授業に出ることを促します。つまり，未習事項は，まず教科書などを読んでみて，それでわからないことがあるからこそ，授業に出るのだということです。OKJをやっている学校の子どもたちは，未習事項には教科書を読むことから入るということに抵抗がありません。一般の学校では，「授業で習っていないことを，まず教科書から学び取る」ということ自体，非常にとまどうようです。ふだんそのような学習行動はとっ

ていないのですから。

　そのうえで，教科書を読んでわからないことを質問したり，（オンライン授業であろうとなかろうと）だれかに教えてもらうというのも，OKJに慣れた子どもには自然にできます。また，わかっているかどうかを，自分で説明できるかどうかで確認するということも，いつもやっていることです。「ふだんからOKJをやっていれば，教師も子どもも家庭学習のしかたを共有しているので，在宅学習で何をどうするかが伝えやすい」と，実践校の先生がおっしゃっているのが印象的でした。

　「自立した学習者を育てる」というのは，認知カウンセリングやOKJを通じての大切な目標でした。それは，ふだんの学習でもまったく同じなのですが，コロナ禍で在宅学習を余儀なくされたときに，とりわけ浮かび上がってきた特徴です。そして，何よりも大切なのは，小・中・高・大と成長するにつれて，「授業の中で学ぶ」という比率は相対的に小さくなっていき，社会人になれば授業はなくなるということです。

　自分の身の回りのリソースを活用しながら，自ら学習を組み立てていく。OKJがそれを促すための授業のあり方として学校に浸透していくことを，これからの10年，さらに期待したいと思います。

2020 年 6 月 10 日

市川伸一

おわりに

市川 伸一（いちかわ しんいち）

1953年，東京生まれ。東京大学文学部卒業。現在，東京大学名誉教授，帝京大学中学校・高等学校校長補佐，文学博士。専門は教育心理学。とくに，認知理論に基づいた学習過程の分析と教育方法の開発をテーマとしている。

著書に，『考えることの科学』（中公新書），『勉強法が変わる本』（岩波ジュニア新書），『学ぶ意欲とスキルを育てる』（小学館），『教育心理学の実践ベース・アプローチ』（編著，東京大学出版会）など多数。文部科学省中央教育審議会教育課程部会委員。

「教えて考えさせる授業」を創る アドバンス編
「主体的・対話的で深い学び」のための授業設計

2020年9月15日　初版第1刷発行　[検印省略]
2024年10月1日　初版第3刷発行

著　　　者　　市川 伸一Ⓒ
発　行　人　　則岡秀卓
発　行　所　　株式会社 図書文化社
　　　　　　　〒112-0012　東京都文京区大塚1-4-15
　　　　　　　Tel 03-3943-2511　Fax 03-3943-2519
　　　　　　　https://www.toshobunka.co.jp
装丁・組版デザイン　　中濱健治
組版・印刷　　株式会社 厚徳社
製　　　本　　株式会社 村上製本所